国語は好きですか

外山滋比古

大修館書店

国語は好きですか

目次

装　　幀 —— 唐仁原教久
デザイン —— 白村玲子（HB スタジオ）

国語と日本語

「ジャパンだと思ってきたが、日本だった。日本をニッポンという人もあり、ニホンという人もある。名前を三つももっている国はぜいたくだ……」

日本へ来て間もないというシンガポールの人がおもしろがった。

ジャパンは別として、ニホンとニッポンはどう違うのか、考えるヒマ人はいない。一般にはニホンと言っている人が多いけれども、改まったときはニッポンになると思っている。

日本銀行を庶民はニホン銀行だと思っているが、紙幣を見るとNIPPON GINKOと印刷してある。なんとなく威張っているような感じを受ける。

戦前のことを知っている人たちは、ニッポンにあまりいい印象をもっていない。ニッポンが公用になったのは、たしか戦中のことで、政府がニッポンを公用語としたのだが、背後に軍部のナショナリズムが感じられたのである。

伝統的な語感からすると、ニッポンはニホンより軽薄で、誇示的で、したがって、よい感じにならない。それに軍部の力で使用を命じられて、おもしろいわけがない。心やさしい多くの日本人はそれをこらえて、ニッポンを受け入れたのである。

すこし考えれば、日本語の半濁音（パピプペポ）は歴史も浅く、したがって、ことばの品格に欠けることが多い。パンパン、ピクピク、プンプン、ペンペン、ポンポン、など、響きがよろしくない。大昔の日本のことばにはこういう破裂音があったというが、いつしか絶滅。近世になって、ポルトガルなどから入ってきて用いられるようになった。日本語としては新参である。

それで、多少のごたごたがおこっているが、気にする人はすくない。日本放送協会はニホン放送協会だと思っていると、公式にはニッポン…であるという。さすがにおもしろくないと思ったのだろう。ＮＨＫを通称にしている。日本銀行は、もとはニホン銀行だったが、いまはニッポン銀行が正式である。

一般企業で日本を冠するのは大企業であるが、大抵は、ニホンなのかニッポンなのかわからない。ニッポンというのを好まないところは、ニホンを名乗る自信もないのか、わけのわからない外国語もどきを名乗るのが流行し、カタカナ社名がハンランしている。ニホンというのを気恥ずかしく感じるのは新しい世代で、やはり、ナショナリズムとかかわりがある。

国語と日本語についても、いくらか似たことがおこった。国語というのは旧ナショナリズム、日本語というのは戦後ナショナリズムを代表する。

昭和三十年代、私はたまたま国立国語研究所の評議員をしていた。あるとき評議員会後の雑談で、私が所長に向かって
「国立国語研究所を日本語研究所にはしないのですか」

と問いかけると、所長が迷惑そうに
「お役所ですから、改称は難しいでしょうな。考えていません」

と答えた。そのときは、私も考えなかったが、国語研究所を日本語研究所とすることはで

きても国立をどうするか始末が悪い。まさか日本国立とするわけにもいかない。やっぱり国立国語研究を変えるのは、まずい。不可能である。

私がそういう話題をもち出したのは、国—が日本—に変わったところがあったからである。

長年、というか、ずっと、国文学、国文学科といっていた大学が、国文学科を廃して、日本文学科を名乗るようになった。国史も日本史に変わった。それに対しては、何でも反対する学生の活動家たちが、ひとことも反対しなかった。日本文学、日本史という呼び方に変えたのは、そのころ、学生をも巻き込んだ、反ナショナリズムによる革新の意味があるように感じられたからであろう。

大学の国文科がなくなり、日本文学科になっても、小学校、中学校の国語が日本語になることはなかった。いまもって、国語、国語科である。日本語にしたくても、できない、のである。国語は教えられても日本語は教えられないのである。

そのころ、日本語を学びたいという外国人がふえ出していた。日本の国はじまって以来、日本のことばを学びたいという外国人が多数あらわれたことはかつてない。外国語は学ぶが、外国人にこちらのことばを教えるなどということは考えたことがない。国語の先生に外国人の日本語教育をしてもらうわけにはいかない。

しかたがないから、日本語を学びたい外国人は、英語の教師とかことば好きの主婦から日本語を教えてもらうほかなくなった。

外国人にも、日本人にも不幸な日本語教育である。現在なお、まっとうな日本語教育のできる人はおどろくほど少ない。

教えるに人を得れば、いまごろは、日本語のできる外国人が多くなって、ゆくゆくは世界の大言語になる可能性も生まれていたであろうに、惜しいことをしたものである。

国語の先生は、この事実に向き合って、国語教育を考えなおす必要がある。教員養成の大学も、日本語も教えられる国語の教師を養成するのではなく、国語をしっかり、うまく教える体制をととのえるべきであろう。外国人に日本語を教えるのは、その片手間にできることではない。別の専門として技術的訓練が必要である。

モノばかり輸出して喜んでいると、外国からエコノミック・アニマルなどと言われるのである。ことばを輸出するのは物品を売るより難しいが、相手から尊敬を受けることができる。

戦後、イギリスが経済力を失い、輸出の減退に悩んでいたとき、国会で追及された産業通商大臣が

「いまもっとも好調、活発な輸出は英語であります。一般商品とは違って、右肩上がりに増大しております」

と答弁したというニュースが伝わってきて、われわれを羨ましがらせた。世界的に英語が普及し、それにつれてイギリスの出版物がどんどん輸出されたのである。

外国人に日本語を教えることができなくても別に恥じることはないが、日本のこどもに国語をうまく教えることができなくては困る。

国語の先生は、文学がことばの花であるとでも思っているのか、物語・小説ばかりに力を入れる。従順な児童、生徒はおとなしく文学少年・少女、やがて文学青年に育っていく。おもしろいのは、文学好きのこどもは、必ずしもことば好きにならないことである。文学国語教育の醸成といわれるような先生の教室からは、ことばの好きな人間は育たないようである。

文学国語教育の成果はむしろ小さい。そういう認識に立った国語の教育が、戦後おこったのは注目される。あえて非文学的教材と称して国語教育に新風を送ったのはいいが、ことばを愛するということがいくらか忘れられた。

アメリカで流行しているからといって、単元学習を導入し有名になった人が何人も出たが、単元学習は、社会科教育であって、アメリカでは意義があったかもしれないが、日本人には訴えるところが小さい。ことばのナショナリズムの受け手になることができなかった。そのいい証拠が、そういうバター臭い教授法で育った生徒からは本当にことばの好きなものが育たなかった。

日本語の勉強をはじめる外国の若ものに

「まず、日本語の be 動詞、have 動詞に相当することばから教えてください」

と言われた日本人が途方にくれたという。日本語には be、have に相当することばがない、ということを知らないのは珍しくない。日本語の文法は英語の文法と大違いである。小学生はともかく、中学生の国語では、もっと文法の学習が必要である。こまかい規則ではなく、基本的なきまりを教えないといけない。文語文法はやさしいが、口語文法はやっかいで、これまで文法といえるものがなかったのは決して好ましいことではない。そういう認識が一般的になってほしい。

日本人の文法意識は英語の文法によって養われている。英語の学校文法はたいへんよく出来ていて、文法で英語が好きになった中学生は昔からかなりあった。日本語・国語の文法は、学校にはないようなもので、文法を学んでことばが好きになることは難しい。

明治のはじめ、日本へ来た外国人によって日本語文法ができた。もちろん、ヨーロッパ語、英語の学校文法の焼き直しである。いまからでもおそくない。真剣になって、日本語文法、国語文法をつくってほしい。

日本人はルール、規則でしばられることがきらいなところがあるから、文法をこしらえることも下手なのだろう。国語学者の文法の業績はわずかながら見られるが、本当の日本語文法・国文法はこれからの課題である。

ことに、知的興味を誘発する学校文法を作るのは国の急務である。いずれだれかが作ってくれるであろうなどと言っていられることではない。

そういう知的活動の過程で、国語と日本語が結びつくことができれば、日本のナショナリズムを誇ることができる。〝はじめにロゴスありき〟という。ロゴスはことばと訳されているが、ことばの心であり、心のことばである。日本のことばは、外国語にゆさぶられて、やまと心を失っているところがある。

やまと心をはぐくむのは、ことばである国語であり、日本語である。

悪魔の言語?!

もうそろそろ半世紀前のことになる。

アメリカの有力週刊誌「タイム」が日本文化大特集をした。当然、日本語を扱ったセクションもあった。それはいいが、そのタイトルがなんと「悪魔の言語」(Devil's Language)であった。アメリカ人読者向けにつけた表題だろうが、日本人からすれば許しがたい暴言であった。

もちろん、「タイム」は、そのわけをのべている。いくつもある中、もっとも強調されたのは主語の問題である。

ヨーロッパ語はすべて、第一人称、第二人称はひとつである。英語ならI（アイ）、You（ユー）にきまっている。

ところが日本語には第一人称がいくつもある。わたくし、わたし、わし、ぼく、おれ、わがはい、せっしゃ、などなど。第二人称もフラフラしていくつもある。きみ、あなた、お前、きさま、おぬし、など。

こんなことばはほかにない。つまり、人間のことばではない、のだと言うのである。まるで日本語のことを知らない人間の書いた記事らしく、欧米語と違うのはすべていけないという論法である。

この記者は、ことばにスタイルというものがあることは知っていても、それが人称にも及ぶ言語があることを知らない。スタイルは姿のことである。いくつも違ったスタイルのあるのが自然で、ひとつしかない、のはよほど貧しいからである。

寝間着の人も、来客に対しては、着換える。外出するときも服装を改めるのが普通。よそ行きの衣服がないのは恥ずかしい。

英語は単純なことばらしく、寝間着もふだん着も、よそ行きもなく、着たきりスズメのように同じスタイルで通す。

それは自由だとしても、着換えをするのを悪魔呼ばわりするのははなはだ乱暴で、それこそ、悪魔的である。そういう反省をする力は、もちろん「タイム」記者にはなかった。いい気になって、それを言いふらしたのはけしからん。

〝悪魔の言語〟ということばを発明？　する才覚もないから、四百年も前のことばを借用したのである。

その昔、九州へカトリックの宣教師がやってきたが、日本語の勉強などしていなかっただろうから、日本人の話すことばがわからず苦労したらしい。カンシャクをおこした神父であろう、「日本のことばは悪魔のことばなり」とローマへ報告したのがある。つまり、神のことばではない、というのだが、わからないのは自分のせいであるとは考えず、ことばがいけないのだ、とするような粗雑な思考こそ、神の意から外れるものである。その尻馬に乗っていい気になっている二十世紀のジャーナリストも、似たようなものである。

「タイム」は、さらに、日本語には、第一人称、第二人称が、そんなにたくさんあるのに、使わないで、話したり、書いたり、できるのだ。あきれたものだという調子で日本語をけなしている。

ワレとナンジの関係、対立を基本にしているヨーロッパ語では、第一人称、第二人称は不可欠である。それでも、命令などでは、第一人称、第二人称は使わない。わかりきっているのに、ワレとかナンジをふりまわすことはない。日記の中にも、私とかぼくといったことばは不要で、これは英語でも行われている。

日本語はデリケートで、神経がこまかい。わかりきったことを口にしたり書いたりするのは相手に対して失礼になる。必要もないのに、〝私〟を出したりしてはおかしい。〝私〟は、控え目に姿を見せないのが日本語の床しさ。

「わたくしが行きます」

というのは出しゃばりである。ただ
「まいります」

でいい。だまって、行っても、悪くない。

日本語は親和的である。私というより、私たち、お互い、という言い方が好まれる。相手を立てるのが床しいと感じることばで、はなはだ平和的である。ヨーロッパ語は、攻撃的ナショナリズムをはらんでいるらしく思われる。

＊

この「タイム」の「日本語は悪魔の言語」の記事によって、私は、ナショナリストになったような気がする。はっきり日本語を愛する心をいだくようになったのである。ことばはナショナリズムの根幹であるという考え方をもつようになったきっかけである。

わけもわからず、英語の勉強をし、英語の教師をしていた。そして、ひところ日本語を忘れるほど、英語を読んだ時期もあったが、本当に日本語がきらいになったことは一度もない。

戦争中に、英語を専攻した人間である。英語に対しても外国語に対しても、いくらか曲折した心情をいだいていたことに後で気付いたが、日本語はいつも好ましいというナショナリズムを無意識のうちにいだいていたようである。「タイム」の記事で、それがはっきりした。

外国語の勉強をすると、母国語を粗末にするようになるのかもしれない。外国かぶれが国語を大切にすることは少ないかもしれないが、すこしくらい外国語を勉強したくらいで、母国語愛が消えるようでは人間として欠けるところがあるとしてよい。

自分のことを書くのがためらわれるが、私が、『日本語の論理』を出したとき、国語の人からはほとんど無視されたが、英語畑の英語かぶれを刺激したらしい。英文学英語学の専門誌「英語青年」で、匿名の批評が出た。いちばんいけないのは、その匿名評者によると、「英語の論理」を書く前に「日本語の論理」を書いた点である。これがこの匿名評者だけの見方ではなく、かなり、広く同じ思いをした人がいたらしい。

日本で英語の勉強、研究をしている人たちで、日本語ナショナリズムを認めないものが意外に多いように感じられた。

そして、国語ナショナリズムを見失った外国文化・言語の研究は衰亡に向かうであろう。社会が成熟すれば、こういう没国語ナショナリズムは社会の原動力になり得ない。英語がもしそうであるなら、大学の英文科は存在の基盤を失うだろう。英文科は消滅するだろう。そういう予言めいたことを書いてヒンシュクを買った。

それから三十年して、英文科の看板をおろす大学が、あちらにも、こちらにも、あらわれた。にくまれ口のつもりで言ったことがその通りになると、さすがに複雑な気持ちである。古巣の英文科、ちょっとしたことくらいで、店じまいなんかしてほしくないという新しい思いがわいてくる。

*

日本人は誇りを失ってしまったのか。どんなにひどいことを言われても、相手が外国人だとハラも立てられないのか。「タイム」の暴論に義憤のようなものを感じた私は、これに対する反論、抗議の出るのを心待ちにしたが、とうとう何も出ずじまいであった。言われっぱなし。つまり、日本語は悪魔の言語なりという珍論がいまも生きていることになるのだから、たまらない。

国語、国文科の人はどうした。こんなことを言われてもグウの音も出ないのだろうか。戦争の始まる前の昭和十年代中ごろの国文学は旧式ナショナリズム、つまり軍国ナショナリズムにかぶれていたらしく、英語廃止論をふりまわし、とうとう高等女学校の英語をなくした。しかし、本当に日本語を愛するナショナリズムをもっていたのか、かなり疑問で、外国の研究法、文献学を生かじりのまま導入して恥じるところがなかった。

戦争にまけて国語、国文学の人たちはすっかり萎縮したかに見えた。どんどん入ってくる外国語的要素を体を張って食いとめる勇気のある人も、いただろうけれど、われわれの目につかない。ひそかに英語に心を寄せる向きもあったようで、われわれ外国語の人間でさえ歯がゆい思いをした。

国語審議会といういかめしい組織のメンバーにも国語愛が充分であったとは思えない。漢字の制限をしてみたり、仮名づかいを変えたり、森の中で木を見ないどころか、葉っぱばかりをことあげした。

文化庁は国語にもっとも深い関係のある役所である。国語担当の部署もある。「タイム」の記事を見て平気でいられたのだろうか。役所は議論しないのが建前だから、バカにされても、知らん顔をするしかないのか。

外務省だって日本の外務省である。自国の文化に対するあらぬ誤解があったら、是正を求めるのが国益である。知らん顔をしているのは職務に忠実ではないと言われてもしかたがない。

日本の外交官は外国語の勉強はしていても、母国語の教養が欠けていることが多い。外交官試験はおそらくあらゆる試験のうちでもっともきびしいものだろうが、主として問われるのは外国語能力である。合格者は、入省してから英、独、仏、中など外国語の研修をうける。たいてい在外研究をする。たいした語学力はつかないだろうが、日本語のことなど念頭になくなるおそれは充分である。

外国の雑誌が、日本語を悪魔のことばだと言っても、おどろく心を失っている外交官が多いにちがいない。そんな低次元のことにかかずらうのはエリートのコケンにかかわるとするキャリア外交官が大勢を占めているように思われる。これからの外交官は国語が好きであってほしい。もっと国語の勉強もしてほしい。

それよりもっと勉強してほしいのは、国語を教えている人たちである。これまでも国語の好きな先生はすくなくなかった。というより、もっとも熱心な先生は国語の先生だったと言ってよい。

だが、国語好きの先生たちは、ことばが好きなのではなく、文学が好きだったのである。文学青年だからといって国語が好きとは限らない。文学はことばの咲かせる花のようなものである。いくら花を愛しても、その根幹がまるでわかっていないとすれば問題である。それが国語教育で長年つづいてきた。国語が好きになる国語の教育の基本である。

日本語なんかダメだという偏見に侵されている。商売のためとは言え、社内の公用語を英語にする企業があらわれると、国語が好きでないマスコミが、時代の尖端をいくもののようにもてはやす。おくれた文化の思想であると考えるものもすくない。

国語はおそらく世界でもっとも洗練された言語のひとつである。明治維新により、拝外思想がはびこって、国語は半ば死にかけたが、数十年して新国語らしいものがあらわれたところで戦争。これにまけて国語蔑視、外国語崇拝の弊風がおこり、ふたたび国語は大きな災難に出会う。それから七十年になろうとしている。新しい国語ナショナリズムがおこってよい時期である。

「私」の問題

自分を証明するのにひどく面倒なことになる。もうずいぶん前のことだが、地方の大学で集中講義をしたら、その手当を日本銀行支店振出しの小切手で送ってきた。近所の行きつけの銀行へもっていったが、現金化できない。通帳へ入れることもダメだという。本人確認が必要だというからハラを立てた。いつも来ているじゃないか、と言ってみたが通じない。写真つきの身分証明書が必要だと窓口ががんばる。しかたがないから、もういい、と言って帰り、大学へ小切手を返した。

しばらくすると銀行振込みで送金してきた。そうできるのならなぜ、はじめからそうし

なかったのか。国立大学であることを誇示するために、いつも金の出し入れをしていると
ころで、日銀の小切手にしたのかもしれない。
とにかく、私が本人ですといっても、信用してくれないことがあるのを知ってショック
を受けた。

このごろ銀行が本人確認をうるさく言い出した。例の振り込め詐欺のせいである。事故
をさけようとするのは善意だが、むやみと人を疑うのは困る。行きつけの銀行でも、金額
がすこし大きいと、本人確認を求められる。いつも来ているんだから、そんなもの必要な
いでしょう、などといっても通用しない。運転免許証がないか。なければ健康保険証を見
せてくれ、という。そんなものはもってない、というと、この金は出せない、と言う。自
分が本人であることを証明できないのはおかしい。運転免許はともかく保険証など、悪い
奴ならかんたんに偽造できる。本人ではそれにも及ばない、というのは、おかしい。何度
もそういう目にあってユウウツである。

金を出すのにハンコがいる。昔からそうだったが、このごろハンコはあまり信用されな
いようである。

外国の銀行では、サインでいい、というのをきいて、うらやましいと思ったことがあるが、考えが足りなかった。日本人のサインはそれこそ信用できない。毎度、すこし違ったサインになる。サインを見る目もないから、本人のサインかどうかを見極められる人間もない。ハンコがモノを言ったわけだ。

カードで金の出し入れをするようになるとハンコは出る幕がないから、暗証番号で本人であることを確認する。番号を忘れたら、自己喪失と同じことになる。自分は番号になったのである。

カネと自分、私の関係がいよいよ怪しくなってきたような気がする。「私」がキカイにうまくのらないために番号化しようとしている国民総背番号制がいずれ実現するだろう。

ことばの問題としても、日本の「私」はもともと独特の形をとってきた。外国人がびっくりすることは、「悪魔の言語」の章でもふれたが、格別である。だいいち、「私」がはっきり確立しているとは言えない。

話すときも、書くときも、「私」を出さないですむ、出さない方が落ち着くのが日本語である。いちいちI（アイ）を使わないと、ものが言えない英語を見るとあわれだと思ってもいいくらいである。

このごろ、外国語の影響で、第一人称を使うことが多くなっているが、ワタクシというのより、男子ならボク、女性なら、ワタシが多い。英語かぶれの若い夫婦が、英語のアイ、マイ、ミーのミーを使って粋がったこともあったが、いまはすたれた。ミー（私）、ユー（あなた）は日本人の感覚に合わないのだろう。

これまでの日本語では、第一人称単数はことばにしない。なにかするとき、ただ、「します」でいい。「ワタクシがします」というのは、ほかの人ではなく、という場合以外では、不当に自己主張的になる。ものを食べるとき、「ワタシが食べます」というのはほかの人をおさえて自分が食べるときは別として、普通ではない。「いただきます」で足りるのである。

「私」は動詞の中へとじ込められて姿を宿している、と考えることができ、この点で、ラテン語に通じるところがある。姿をあらわさないから、ゼロ形式の第一人称と呼ぶことができる。

姿をあらわすのも、いろいろな形をとる。私、わたくし、わたし、ぼく、おれ、小生、うち。筆者、(すこしてれて)わがはい、などなど。

原則はなるべく、つかわない、である。すくなくとも、伝統的には、第一人称の出る幕はごく限られている。戦後、それがだんだん、あらわになってきて、日本語が変質している。

「わたくしたちはあなたの出席を心からお待ちしています」などという結婚披露の案内が来たりする。「わたくしたち」も「あなた」も不要である。「あなた」ははっきり失礼である。「あなたさま」とすべきだが、そういうのも日本語らしくない。ぶっつけてはおかしいから、「ご多用のところ恐縮ながら、ご来賀たまわりますよう御願い申し上げます」とでもする。

戦前は、候文の手紙を書いた。面倒なようだが、実に便利な文体で、「私」などまったく用いないで、言いにくいことをさらりと言ってのけることができる。

頼まれごとなどを断るとき、いまの「です、ます」調ではなかなか厄介であるが、候文なら、「誠に遺憾ながら貴意に添いかたく存候」とやれば、すむ。

日本語の第一人称でユーニークなのは、自分のことを、相手のよびかけのことばであらわす語法である。

*

父親がわが子に向かって、「ぼく」だの「わたし」などと言いにくい。それでこどものことば「お父さん」を自称にする。「お母さん」もいい。「おじさん」「おばさん」も自分のことをこどもに向かって使う。理屈には合わないが、なんとなく落ち着くのである。

学校の先生は、児童、生徒に対して、自分のことを「先生」と言う。これも日本語独特である。こどもの呼び方を借用している。教師が、自分のことを「先生」と言ったりするのはおかしなものだが、みんなで使えば、おかしくない。

できることなら自称を形としてあらわさないというのが、伝統的な感覚であるが、英語などの影響で、ずいぶん多く姿をあらわすようになった。それでもなお、ほとんど第一人称を用いないで、ものを言い、書くことができる。

「私」が確立していないのは日本語の個性であって、もちろん、欠点ではない。それに対する第二人称がまたゆれているのが日本語の特色であると言うことができる。

英語などではワレとナンジの関係ははっきりしていて明快であるが、日本語の「私」に対応するのは、「あなた」なのか、「きみ」なのか、「そちらさま」なのか、はっきりしないことが多い。

代表的な第二人称は「あなた」だろうが、どこでも使えるわけではない。「あなた」の使えるのは、同等かそれ以下の相手に限られる。年下の人に使うのはいいが、同年の相手だと、「あなた」と呼ばれて喜ばない人がいる。「あなたさま」なら目上の人に使ってもいいが、あまりしっくりこない。ことばにしないで、あとの動詞に敬語の要素を加える方が自然だととれる。

「あなたさま京都の会に出席されますか」

ではすこし不要なことばが多く必要なことばが足りない感じで、

「京都の会にご出席なさいます（でしょう）か」

とでもすると落ち着く。第二人称も、第一人称と同じようにゼロ形式が基本である。ことばにしないことで、やわらかい言い方になる。

もうひとつ、第二人称に加わるのが、敬遠の心理である。目の前にいる第二人称に対して、ずばり言うことばがない。

「あなた」は〝かなた〟に通じる。遠くにいるというニュアンス。もとははっきりしていたはずである。「お前」といえば、ずっと身近に感じられるが、直接、指しているのではなく、相手の手前、おん前を指して代用させていることになる。

様、殿、閣下、殿下などは第二人称につくことばであるが、直接相手を指すのをはばかり、そのような人（様）、その使っているところ（殿）、相手の住む建物の下（殿下）などによって、相手を指すことにする間接、敬遠の心理が生み出した敬称、第二人称である。日本語の第二人称は、ワレとナンジのナンジよりずっと遠くはなれた存在としてとらえられている。それが、しばしば形を失ってゼロ形式をとることがあるのはむしろ自然であろう。

こう考えてくると、日本語のワレとナンジは、芝居の黒子のような存在であると考えることもできる。はたらきはあるが、姿をはっきりさせない。それを美しいとする感覚が日本語にはある。

自称がはっきりせず、相手の第二人称も敬遠していれば、ワレとナンジのように、衝突する危険はすくなくてすむ。日本語はケンカをするのには適していない。議論するのにも適していない。

平和、共存にふさわしいことばとして日本語はよく発達しているのである。

文字

日本人は文字を大切にする。戦前のことだが、字の書いてあるものをふむと、バチが当たると教えられていた人が多かった。新聞をふんだり、またいだりするのは不敬？　のように見られていた。本はもっと大切に扱われ、小学校では、教科書を〝おしいただいて〟から開くしつけを受けた。

その文字だが、いく通りもの表記があって複雑である。英語などがアルファベットだけで通しているのと比べると、いかにも面倒である。なれてしまえば何でもないが、表記法がいく通りもあるというのは、いいことばかりではない。大きな負担になっているかもしれない。

かつてあるとき、あるアメリカ人が特急列車で東北を移動していた。ある通過駅の駅名が知りたくてとなりの日本人にたずねた。日本人は、何と読むのかわからない、と答えた。アメリカ人が大いにおどろいて、あなたのように教育を受けた人にも読めないのかときいたという。このアメリカ人は、漢字の読み方はいくら教育を受けた人間にもわからないことがすくなくないことを知らなかったのである。

日本人は毎日の新聞紙上にのっている、地名、人名で読み方のわからないのにいくつもお目にかかっているが、読めないのを自覚することはほとんどない。見れども読めず、で平気でいる。文字と音とがしっかり結びついていないのだから、やむを得ない。

親しくしていた人が亡くなって弔電を打とうとして、相手の名前の正しい読み方がわからず困ったというのは、電報がカナしか送れなかったころには、よくあることだった。

外国人は、日本人が初対面の相手にやたら名刺を渡す、といって不思議がるけれども、日本の生活には、名刺はたいへん便利である。はじめての人に会って、名前をきいただけではどういう字を書くのかわからない。まして住所や電話番号などきくわけにもいかないだろう。それが一枚の名刺ですべてはっきりする。読みのカナをふった名刺もある。名刺なんかもち歩くのはセールスマンくらいだとうそぶくアメリカ人も、日本へ来て生活してみると、名刺ほど便利なものはないと言うようになる。

＊

戦前、小学校では、カタカナから文字を教えた。ついでひらがな、そして漢字の順であり、漢字がいちばん高級？　な文字という感じであった。

戦後になって、小学校の文字教育はひらがなから入るひらがな先習へ変わった。それと入れ替わり、というわけではないが、カタカナがふえた。外来語がカタカナであらわされて急増した。一部からはカタカナ、外来語のはんらんが国語を弱めるという声もあったが、カタカナの増加は止まらなかった。

それどころか、カタカナの力をつける新しい情況が始まったのである。コンピューターが文字を打ち出すことはできたが、なお、幼くて漢字は手に余る、人の名前も地名もすべてカタカナで打ち出した。

それが読みにくくてみんな閉口したものだが、相手がコンピューターだから相手にならない。だんだんカタカナ書きの固有名詞になれる。なれれば、なにごともなんでもなくなる。

そのうちにコンピューターも進化し、漢字を打ち出せるようになった。やっと一人前になったわけだが、一般は、さほど感心しなかった。ありがたい、とも思わなかったのである。ひょっとすると、カタカナの美しさを見つけたのかもしれない。ゴタゴタした漢字より字画のすくないカタカナは明快である。

ひろくカタカナのおもしろさが心にしみついたのであろうか。ビジネスにカタカナを生かそうとする空気が広まったのかもしれない。

永年、売り込んで来た社名を惜し気もなくすてて、意味不明なカタカナを名乗る大企業が続出して、数年のうちに半分くらいの大企業の名前がカタカナ名というまでになってしまった。

カタカナの形は明快であるが、意味は影がうすい。意味のわからないこともあるが、企業のイメージを一新させようとしているところでは、漢字をすて、カタカナをかつぐのは現実的である。変革期にある産業界にとってカタカナ社名はもっとも簡便、有効な方法であったであろう。

カタカナの名前をつけるのとは別に、英字のイニシャルをならべる名前がある。NHK（日本放送協会）がもっとも早かった。これは日本語をもとにしているが、NTT（日本電信電話）は一部、外国語とのハイブリットであり、JR（日本旅客鉄道）は英語のイニシャルで、非日本語である。音もよくなくて、どこかレールのきしみを暗示するようなJRが日常語になったのはおもしろくないが、広く一般から公募によって選ばれたのだから、いっそう問題である。

戦後、義務教育になった中学校で英語の学習が始まった。日本人は外国語が下手であまり進歩しないから、中学三年間の英語でどれほどの英語力がつくかはわからないが、アルファベットの文字くらい読めない人はないだろう。

そういう情勢を背景にして、アルファベットが、漢字、ひらがな、カタカナにつぐ四番目の文字になった。

国際化がすすんで、わからない英字が新聞で見出しに頻出するようになった。最近でいえば、ＴＰＰである。反対する大勢力もあって重要な問題らしいが、汎太平洋経済協力機構という訳語もあいまいだし、Trans Pacific Partnershipという原名そのものがたいへんアイマイである。日本人にとって、わからなくて当然のようだが国民生活にもかかわるだけにほってはおけないと一般の人間も考える。それにしても、ＴＰＰの文字だけがまかり通るのはおもしろくない。それをわかったような顔をして高みの見物をしているのもよろしくないような気がする。名前がわからなくても気にしないのは漢字によってつくられた心理であろうが、日本人のものの考え方にも影をおとしているように思われる。

＊

漢字は読む側からして、わかりやすくてありがたい。字画の多い字ほど見分けやすい。書く側の都合で略字を作ったのは、受け手無視でよろしくない。

以前、郵便局で、若い局員が、年輩の人に小声できいていた。通帳には略字の桜となっているのに払出し票には本字の櫻が書いてある。本人だろうか、というのであるらしい。先輩が、通帳の方が略字でそれでいいんだと教えた。見ていておもしろかった。本人は略字の桜を認めていないのである。

齋藤さんはごく普通の姓だが、いまだに斉藤を拒んでいる人がいるから、はじめて手紙を書くときには気をつかう。本字を書いて手紙を出すと、返事に略字の斉藤とあってなにか損をしたような気がする。瀧田さんは、略字派が多いが、それでも本字にこだわる人がいないことはない。

略字は姿が悪い。もうすこしセンスのある略し方を考えるべきだった。だれがしたことか知らないが、漢字をきたなくしてくれてありがたくない。漢字の本場、中国もやたらに略字をふやした。字画の多いのを×とし、権利が权利になったりするのはいただけない。

どうせ略字をつくるなら、日中で相談くらいしてもよかったのに、てんでんバラバラの略字をこしらえた。文字もナショナリズムであることをはっきりさせた。

日本では、昔から、公《おおやけ》には漢字を用いる伝統がある。官庁の名称なども漢字ときまっていて、センターという名称があらわれるまで、仮名の出番はなかった。

地名はムリな読ませかたをしている漢字がすくなくない。大分など、読めないのが当り前、こんなことばを覚えるために、わか者の頭は無駄に苦労している。そのせいか、新しく生まれた都市が、さいたま市のようにひらがなを用いる例がふえてきた。どうしてカタカナにしないのかと考える人がすくないのもおもしろい。

人名では、男子は漢字、女子はひらがなというのが、戦前までの名前で、漢字上位であることを暗示していたが、女子に漢字の名をつける傾向は大正時代から珍しくなかった。漢字の名をもっている女性は、仮名の名の女性とどこか違うように思われる。だいたいにおいて、女性の名前の方が先進的で、男性は保守的である。

近年、といっても、もう二十年以上になるが、新しい流行が始まった。漢字を仮名のように用いるのである。

加奈、由利、麻耶、美加、麻衣、栞、美樹、真里、梨香、絵美…。

漢字を仮名として用いているところが新しく人目につくようになったのだが平成に入ってからであったこともあり、平成仮名と呼ばれるようになった。万葉仮名に因んだものだが、目には漢字を訴え、耳には音をひびかせる。その交響が新しい。ちょっとした工夫、発明だとしてもよい。

男子の名前は、漢字の意味中心で、

　健太、剛也、翔太…

など、散文的である。男女平等の世の中だが名前にかけては、男性は女性より位まけしている。カタカナの男子名がもっとふえてもよさそうだが、あまり目につかない。先年、悪魔という名をつけた親があって話題になったこともあるが、一般に男子の名は、女の子の名ほど思いがこもっていないのであろうか。

外来語好みだが、横文字を名前にする親はいまのところ見当たらない。由美はユー（you）ミー（me）のことだという人もある。

文字がいく通りもあって、混乱しているようにも見えるが、案外、しっかりしたセンスが底流にあるようで、日本語の個性というものをあらわしている。ひとつのものに絞るのではなく、いくつもの様式を並存させて、適宜使い分けるのは、したたかである、と言うこともできる。

タテとヨコ

まったく経験がないのに、私は月刊の英文学専門誌「英語青年」の編集をまかされた。何から何まで独りでしなくてはならないのだから途方にくれた。

やはりいちばん苦労なのは校正だった。いくら入念に見たつもりでも、誤植が残る。再校、三校と三度校正をする。朝から晩まで数日は、〝赤字生活〟だと自嘲した。

だんだん目がしょぼしょぼしてくる。もともと強い近視だから、校正なんかうまくできるわけがない。目がうまく定まってくれない。横組の校正ゲラを見るのだが、一行の途中で下の行へ視線が落ちかける。

しかたがない。行の下にモノサシを当てる。これで視線の転落は妨げる。どうして下の行へ視線が落ちそうになるのか。考えるともなく考えていて、横組のせいらしいという見当をつけた。横組の文章を読むとき、視線は一直線に左から右へ走らないで、包丁でものを刻むときのように、いちいちタテに見てヨコに移ることをつづける。それで、視線が下の行に落ちそうになるらしい。そこで、かすかに、日本語は横組にしてはいけないのではないかという疑いをもった。

こういう編集を始めたのは昭和二十六年からである。一年して昭和二十七年に内閣訓令が出て、これから公文書はすべて横書きにすると宣言した。

なぜ、それまでタテ書きだったものをヨコにしたのか。理由は事務の合理化だという。なぜヨコ組みにすると事務の合理化になるかというと、タイプライターのせいだった。当時の邦文タイプは欧文タイプを模したもので、横書きに適していて、タテ組にするとひどく手間がかかる。すべて横書きなら事務の能率も上がる、というのである。

戦争に負けて、食うや食わずの生活をしいられていた国民にとって、立っていることばが横に寝たって、大したことではないと考えたのだろうか。このヨコ書きの訓令が問題にされることはなかった。

私はさきにものべたように、横組日本文の校正に苦しんでいたから、その内閣訓令が暴挙であるように思われた。

役人が、ことばをよく知らないから、タテのものをヨコにするくらい、なんでもない、と考えてもしかたがなかった。文章を書く人、新聞雑誌の関係者が知らん顔していたのは、はなはだ不可解である。

文字を読むとき、目は、視線と直角に交わる線によって文字の識別を行なう。

一、二、三

はタテに読むようになっている。視線は字画と直角に交叉する。はっきり区別できる。これをヨコに並べてヨコから読むとどうなるか。視線と字画が平行になってしまって、識別の役に立たない。つまり、たいへん見にくくなる。もともとタテ読みを前提として作られている文字は、ヨコにしてはいけないのである。

ヨーロッパのことばの文字は、ヨコ読みに対応してタテ線が基本になっている。日本字

の一、二、三に対して、

Ⅰ、Ⅱ、Ⅲ

のようになる。いくら酔狂な人でも、これをタテに読もうなどと考えることはない。日本はその酔狂なことを国で制定してしまったのだからおどろく。

日、月、鳥、烏、木、本、未、末

など、ヨコ線で区別されている。これをヨコに並べれば目の負担が大きくなるのはわかり切ったことである。

昭和のはじめころ、眼鏡をかけてカメラをぶらさげていたら日本人だ、というジョーク？が海外で広まった。それくらい近視が多かったのである。どうして、近視がふえたのか。理由はいろいろ考えられるが、もっとも大きなのは横組の細字を読んだことにあると考えられる。大正の末、コンサイス英和辞典という辞書があらわれた。たいへんよく出来ていて、一世を風靡した。中学で英語を勉強したものの大部分がこの辞書を使った。小さな判型に多くの語を収録するため、活字が小さくなるのはさけられない。もちろん横組である。語意説明の日本語がぎっしり詰め込まれている。それを夜、読めば、目がわるくなるのは当然である。

英和辞書など見たこともない、農家の人などでは眼鏡をかけているものはなかった。前にものべたように、私は横組のゲラの校正をしていて、もともとよくなかった眼を決定的に悪くしてしまった。エッセイを発表、日本語のヨコ書き不可を訴えたが反響はまったくなかった。日本語を大切にする気持ちがあれば、黙っていられないはずだと、英語の勉強をした人間が考えるのに、無視されて、はなはだおもしろくない。

国語の専門家が知らん顔しているのも不思議なくらいである。国立国語研究所はいろいろの研究をしているようであるが、日本語のヨコ書きについて見解を示したことはないようである。

国語を教えている人たちはもちろん意見があるだろう。あるならなぜそれを発表しないのか。ことは国語の根幹にふれると見るべきだろう。ヨコにした日本語はタテの日本語と違うことばであるという判断を下すことができないでは、国語を愛しているとは言えない。

国語の先生たちが声をあげないから、一般の人は問題があることすら知らない。

横組の国語辞書が出ても話題にもならない。横組の小説が芥川賞を受賞するまでになった。

それとは別に、先年、早稲田大学が入試の国語の問題をヨコ書きにした。このときは、新しがりやの全国紙が批判的であった。びっくりしたのか、大学は翌年から、もとのタテ書きに戻した。

その時点では、新聞は、ヨコ書きを容認していなかったのだが、それは、読者の読みやすさを考慮したものとして注目される。

同じ文章でもタテ書きとヨコ書きでは感じが違うことは、すこしことばの勉強をした人ならわかるのである。ヨコ書きの科学的文章が親しみにくい感じを与えるのも、内容だけではなく、ヨコ書きという形式と関係がありそうだ。

書く側でも、タテ書きとヨコ書きでは勝手が違うはずである。ヨコ書きなら執筆しないという文章家がかつてはすくなくなかったが、いまだって、まったくなくなってはいないのではないか。

読みの与える印象は、ただ、視覚にかかわるだけではなく、それにつらなる心理的な影響も見のがせない。タテに流れることばのイメージは、ヨコに動くことばの感じとはっきり異なる。

浜までは海女も蓑着る時雨かな　瓢水

の情緒は、ヨコ書きにすれば、かなりハッキリ異なったものになるだろう。俳句が行きづまっているというように考える人は俳句界内外にすくなくないと思われるが、いくら革新的でもヨコ書きを肯定するところまではいくまい。かりにそうなるとしても、長い時間が必要であると考えられる。

短歌も同じことが言えるが、抒情性をいっそうあらわにしているだけ、ヨコ書き短歌は深刻な問題をもっていると想像される。

短詩型文学はタテのことばで立っているのが真骨頂である。へたに寝させたりしては、命が危い。

俳句、短歌に限らず、日本の古典は立っていることばで生きている。不用意に寝させたりすれば、ジャンルのいのちにかかわるかもしれない。

「源氏物語」を横組に印刷したら、どういう味わいになるか。よくないにきまっているから、試みる人はないだろう。タテでもヨコでも、同じことが書いてあるなら、同じだというような鈍感な感性が一般的になったら、文化の個性はすたれ、喪失されたとするほかないだろう。

＊

ことばの書き方を変えるということは、もともと、革命的なことである。まっとうなことばの文化をもっていれば、そもそも、そんなことは考えない。

ヨコ書きをしていることばをタテ書きにした、というような例は、古来、なかったのだろう。そんなことを考えること自体が、異常である。これからも、そういうことは起こらないのが正常である。

日本は、明治以来、いく度となく、ことばを変えた。それを改良のように考えたらしくもあるが、とんでもない文化破壊であり、よきナショナリズムの放棄であるということを反省すらしなかった。

　ヨーロッパ語は言文一致である、と速断、日本語を無理やり、言文一致させようとして多くの人が苦労した。どだい無理なことで、不完全な言文一致も達成されていない。そのために日本人の失った知的エネルギーははかり知れない。

　段落をつけたり、句読点をつけたりするようになったのも外国語の模倣で、そのために日本語の性格が歪んだかもしれないとは、考えることもなかった。

　いちばん大きな改変は、日本語のヨコ書きを始めたことである。ヨコ書きは、さきに書いたように昭和二十七年の内閣訓令に始まったのではない。実は、明治早々、大学が先鞭をつけたのである。昔の大学はテクストがないから、教授の講義を学生は筆記するのである。それがヨコ書きであった。国文学の講義でも、ヨコ書きでノートをとったという。そういうノートが大学ノートと呼ばれて後々までも親しまれた。さすがにこのごろは、大学ノートと言わなくなったが、それは、教授が学生に書きとらせる講義ノートを作らなくなった、作れなくなったからである。

　ヨコ書きにすると、文字が乱れる。きたなくなる。下手になる。戦前のことだが、小学校の本科正教員は、みんなすばらしくきれいな楷書を書くことができた。黒板に白墨で書く字は、なにもわからないこどもにも美しいと思われた。ところが、大学を出た先生はまるでお話にならない。楷書が書けないのだろう、行書のかきそこないみたいな字を板書する。こどもたちは、その文字を見て、代用教員はダメだという印象を受けた。

日本語はタテに書くようにできているのに急いでヨコ書きにしてノートをとれば、文字が崩れるのは当たり前である。

それに目をつぶらせたのは、外来文化信仰の高等教育の権威であった。そのことは現代に至るもなお充分に反省されてはいない。タテのものをヨコにすれば、姿が悪くなるくらいではすまされない、もっと深いところが侵される。それを意識しなかったのは、後進文化として是非もない、と言ってすまされることではない。

わけもなく外国を崇拝、それに倣うことが進歩であると錯覚するのは、おくれた国の哀しいところだが、いつまでも、ものまねを喜んでいるのは恥ずかしいと考えるのが、健全なナショナリズムである。

明治以降、外国に追いつくことを国是としてきた日本は、いつしか、しっかりしたナショナリズムを見失ってしまった。教養のある人ほど、自国の文化を見おろし、外国をありがたがる傾向がつよい。それが、自己否定になるおそれがある、ということは、いまなお、十分に警戒されてはいない。

大昔から、タテ書き、タテに読んできたことばを、大した根拠もなく、ヨコにしていい気になるのは、あってはならないことである。その根底に外国のしていることは正しい、新しい、よいこと、という迷信があり、それに目がくらんでいたのである。そうでないと考えも及ばないことである。

ヨコ書きの日本語の害は、眼を悪くするくらいではおさまらない。心の目を見えにくくしてしまうおそれがある。日本人のメンタリティにかかわる問題である。放置しておくのは思考の怠慢である。

日本人はもっと国語を大切にしないといけない。外国語は実用性をもつが、心を育むことは難しい。

つい先日、こんなことがあった。

未知の女性から手紙がきた。書家なのであろう。展示会を開くので、その作品を作っているという。ある作品説明のために、私がかつて新聞に書いたエッセイを使わせてほしいというのである。その新聞の切り抜きも添えてあった。

そんな使い方をされては迷惑だから〝困ります〟とことわりの手紙を書いた。その終わりに、書家と言っておられる方が、横書きの手紙を書かれるのは感心しません、日本語はタテに書くように出来ています。このごろ若い人を中心にヨコ書きが普通のようになっているが、書に親しむ人がヨコ書きとはいただけないと遠慮なく書き添えた。相手は中年の人らしく、恐縮したような手紙をよこした。

書家だったら、日本語、日本の文字を大事にしてほしい。

よみ・かき

教育はおくれている。

日本だけではない。欧米においても、制度として学校教育が確立したのは、十九世紀はじめからで、なお二百年しかたっていない。日本は後進文化であったが、こと教育に関しては、ヨーロッパにさほど見劣りしない。明治五年には小学校が始まっている。寺子屋の伝統があったためであるが、決して大きくおくれていたわけではない。

ただ、教育内容に関しては、外国とはかなりはっきりした違いを見せた。

初等教育は、よみ・かき・さんじつ（そろばん）の技能を与えるのを主眼とした。この三つの学力をリテラシィ（識字率）と呼び、文化の高い国ほどこの数字が高いとされた。わが国はいち早く、一〇〇パーセント近いリテラシィを達成した。世界には現在においても、リテラシィの低い国がいくつも存在する。

日本のリテラシィは、よみ・かき・そろばんと言われたが、はじめから、よみ中心であった。そろばんも教えられたが、さほどではなく、かく、についてはほとんどなすところがなかった。文字が書けても、文章を書く能力は問題にならなかった。

昭和のはじめころの小学校の教育は、よみ・かき・さんじつが中心であった。よみがいちばん重視され、読み方、の名で呼ばれた。それに対して、かき方というのは、毛筆で文字を書くことで、文章を書くのではない。文章を書くのは、書き方とは言わず、綴り方と呼ばれたが、ときに宿題が出る程度で、文章を書く授業はなかった。読解中心のリテラシィである。

戦後、アメリカから教育視察団が来日して日本の学校教育の改善を助言した。日本の国語教育が、読み方ばかり教えているのにおどろいたのであろう。国語教育については、よみ・かき・はなし・きくの四技能を平行して育成することを強く求め、教育指導要領もその線によって作成された。

なんでもアメリカの真似をし、その言う通りにしてきた戦後の日本だが、この言語四技能平行学習については、あっさり無視した。読み方中心の国語教育がつづいて現在に至っている。国語ナショナリズムが発揮されたわけだが、それを自覚する日本人はすくない。

書く教育は、作文と名を変えたが、指導しないのは戦前と異なるところがほとんどない。はなし、きくに至ってはカゲもカタチもない。だいいちそんなことのできる先生がいないし、その時間も設けられていない。

中学校、高等学校の英語科の授業も、国語と同じくらい〝よみ〟中心であったが、やはりアメリカの影響で、はなし・きく授業へ、ごくゆっくりとではあるが、移行している。役に立つ英語を教えよ、という実業界などからの要求に動かされたところもある。

英語について、日本人は読むのはいくらか読めるが、会話はまったくダメであると言われてきたが、その背後に、国語教育の音声無視が影をおとしているかもしれない。国語の教育は文字、文章中心で、話すことばの標準もはっきりしていない。

文章は書けるが、まるで話のできない人間が、社会的に活躍できる。なにごとも、大切で重要なことは文章になる。口先だけでは約束にもならない。

かつての小学校教員は師範学校で養成された。戦後制度が変わって、水準が下がったが、戦前の師範学校はかなり高度の教育技術を与えた。読み方もよく教育されたし、文字を書く書道も、全国統一された書体の手本によって教えられたから、全国の先生が同じようにきれいな字を書くことができた。黒板に書く字をみただけで、師範学校出の本科正教員であるかどうかがわかったくらいである。こどもたちは、そういう先生の書く文字を見て先生を尊敬したほどである。

そういう師範学校だったが、話し方はまったく教えなかった。もちろん、腹式呼吸など知ることもなく教壇に立つことになった。教室は静かでないこともあって、教師は大声を出すが、発声については何もしらないから胸式発声で叫ぶことになる。これは軽く走っているくらいエネルギーを要することなどもちろん知るべくもない。それで悲劇になる。

新任教師が、一日、数時間、なれない大声を出していれば、疲労は小さくないが、本人はそんなことも知らずにただひたむきに授業する。疲れがたまって、秋になると、結核に侵される。大声で話すのが重労働であることをだれもしらないから、健康管理もなく、病気になるのは是非もない。一年たらずで発病、数年で亡くなるいたましい犠牲がどれくらいあったかわからない。

のんきな世間は、楽な仕事をする教師がどうして病気になるのか、原因がわからない。だれが言い出したのかわからないが、教師は白墨の粉を吸うから結核になるのだという説がひとり歩きした。戦前のひところ、北海道から九州まで学校の先生は、白墨、チョークの粉を吸って肺病になるという話が広まり、教師もそれを信じた。神経質な先生は、ハンカチで口をおおって予防？ したが、もちろん、何の役にも立たない。

それを嗤うことはできない。いまだって発声法を知らないために疾患に苦しむ教員はなくなっていない。

発声ができないくらいだから、話し方を心得ている先生はなくて当然である。みんな我流でしゃべっている。どうしたら、うまい話ができるかなどを考えるのは変わった教師である。たいていが、話せない先生である。生徒から〝話せる先生〟と言われるのは、生徒に甘い教師のことである。

先年、アメリカが、国会議員に、アジアの好きな国を訪問してほしい、費用は公費でまかなうということで希望を募った。日本と中国が有力だったが、結局、多くの議員が中国行きを希望した。その理由は、会話のおもしろさだったという。日本は、治安、衛生、料理などで中国よりまさるが、日本人の話はまるでおもしろくない。中国人は話がおもしろい、というのだったといわれる。それくらい、日本人は、みんな話し下手である。そのことを日本人はだいたい知りもしないのである。だから話くらい、と考える。

日本人は耳がよくない。英語の会話がうまくないというのも、相手の言うことをよく聴きとることができないのである。とくに、はじめのところをしっかりとらえていないから、返事のしようもない。日本語の話では、はじめの部分はいわばマクラであって、本題はあとから出る。それになれて、冒頭をきき流すくせがついている。英語でも日本語と同じようにセンテンスの終わりの方には注意を向けても、はじめの二、三語がしっかりとらえられていなくて相手の言うことがわからなくなって、返事のしようもなくなる。

オレオレ詐欺、振り込め詐欺がいつまでたってもなくならない。やられるのは高齢者に多いが、やはり、きき分ける力が充分ではないのである。電話の声にしても、子や孫のことばかどうか、きき分ける力がないのがいけない。耳バカだから、他人のつくり声にひっかかる。しっかりきき分けられる耳があれば、インチキを見破ることができることがもっと多くなるだろう。

同じ詐欺でも、関西の被害は首都圏よりケタ違いにすくないという。十分の一にも満たないそうだ。その原因は、やはり、耳の力の違いだとしてよいだろう。

東京周辺は戦後、地方から移住した人がすくなくないどころか、多くの人が、東京一世、東京二世である。こどものときにきき馴れたことばでないことばをつかって生活している。耳の力が充分でない。

それに引きかえ、関西は代々住んできた人の比率がずっと高い。その分だけ話し聞く能力も高いように想像される。

小学生の作文の全国コンクールがあると、ことに低学年においては、関西のこどもの作品がきわ立ってすぐれている。関東はそれに及ばない。関西の小学生の作文では、ことばが生きているのに、関東のこどもの作文は文学的で、生気に乏しいものがすくなくない。関西の環境は、こどもの話し、聞く力をのばすはたらきをしていることを暗示している。ことばの教育においてもこういうことを考慮に入れた方がよいだろう。文字はそういう地域性を超越できるが、声のことばはより生活に近いのである。

国語の教育も文字、文章に偏っていることをもっと反省した方がよいように思われる。わけもなく文字が音声よりすぐれているというのは、古くて歪んだ考えである。

聴く・話す

日本人はもともと耳バカだったのかもしれない。人の話をきいてもよくわからない。すぐ忘れてしまう。大事なことは証文にする。あるいは記録にする。口約束は信用しない。大人がそうだから、そういう大人に育てられるこどもが、人の言うことをきけないのは当たり前かもしれない。

かつて、私は母校の中学、いまは高等学校になっているところから、創立記念の講演を頼まれた。代表的卒業生だというので選ばれたのではなく、校長が友人だったからである。その校長が言ってきた。うちの生徒は、講演を聴くことが下手で、三十分もしないうちに、ざわつく。それをふくんでおいてほしい、という。そういう生徒では、遠慮のある講師を招くことができない。それで卒業生を考えたのだろう。

覚悟して話しに行った。よほど前もって注意してあったのか、思ったより静かだったが、後半は私語するのがあって不愉快だった。高校生なんかに講演などするものではないと肝に銘じた。そして、西脇さんのことを思い出した。

詩人の西脇順三郎さんがあるとき山梨の名門高校で講演をした。私は大学で西脇先生から何年も教わった。天才的な学者で、おもしろいにはおもしろいが、ひょうひょうとして、とらえにくい話である。高校生には無理だ。

講師が話しはじめると、早々とさわぎ出した。西脇先生、奮然として、壇を降り、さっさと帰ってしまった、という話である。

いくら優秀な生徒でも、点数にならない話をよく聴く力はない。馬耳東風。馬の耳をもっていても秀才でありうるのだからおもしろい。

これはついさきごろのこと。

東京近県のある高等学校から講演を頼まれた。いろいろいやな経験もしている。たいていは断っているから、断ろうと思って、依頼をよく見ると、有志希望者百名ほどに聴かせる、というのである。断るいい口実を見つけたと思った。「聴きたい生徒だけに聴かせるのは張り合いがありません。いっそ、聴きたくない生徒に話す方がおもしろい」と返事をした。断ったつもりでいた。すると、しばらくして全校生徒に聴かせる、と言ってきたから、断るに断れず当惑している。

高校生でそうだから、中学生以下では外部の人の話をきかせるなど思いもよらないことになる。近年は耳バカは低年齢化して、小学校入学早々、先生の言うことがきけず、暴れる児童があらわれた。マスコミがおもしろ半分、学級崩壊などと呼んだから、ひろく世間の話題になったが、要するに、幼にして馬の耳をもつこどもがふえたということで、笑っていられる話ではない。

大学生だって負けてはいない。授業中のおしゃべりを気にしていては教師はつとまらない。ことに女子学生がうるさい。同じ女子学生でも、偏差値の高い学生の方が静かに講義を受けることができるようで、どうも、聴く能力は知的能力と比例するらしいと言っている老教師もある。聡明の聡は耳の知であり、目の知である明よりも上位にあるのがおもしろい。

講義がきけない学生は、大学紛争ころをピークにだんだん少なくなっているらしいのはめでたい。どうしてそうなったのかわからないが、日本人がよい方向へ進んでいるのであるなら喜ぶべきことである。

日本人はどうして、耳バカになるのか。ある人によると、幼児に耳をきたえることをしないからだという。こどもが幼いとき、まわりは、こどもに話をきかせようとすることがすくない。叱ったりはしても、わけのわかることばをきかせることが充分でない。だいたい大人同士で勝手なことをしゃべっていることが多い。親のいうことがきけない、といってかつては、子のしつけとして、子向けの親のことばがあったが、テレビがあらわれ、親よりもテレビの方が多弁で雄弁である。

テレビは、聞き流せばよいことを大人がしてみせるから、テレビを見ながら、ききながら、好きなことをしゃべる習慣はすぐつく。テレビはよくきいてくださいとも言わないし、さわがしくしても注意したりしない。テレビではこどもの耳の力を高めることはできない。

このごろはすこし下火になったが、ひところ講演会に人気があって、満員盛況が方々にあった。

目ぼしい講演会はマスコミにとりあげられることもあるが、聴衆はきまって、「熱心にメモをとっていた」というのがきまり文句。それで聴衆をホメたつもりなのであろう。それは耳のよくないマスコミの取材だからで、本当に熱心に話をきく人ならメモなど取らない、ということを知らないのである。

メモをとれば、書くのに気をとられて、耳の方は半分、お留守になるということがわからないのは言語的に未熟であるのかもしれない。書く方が聴くよりも高度の知的作業であるという先入観があるのを示している。全身を耳にして聴くというのが知的である、ということをわれわれは実感しない。文字の方が話より高級だとする常識？　は、なかなか消えない。そのためにどれくらい日本人は損をしているかわからない。

かつて、ある大学生が、すぐれた哲学者に講義のノートのとり方を教えてもらいに行った。大学で本格的な講義が行われていたころのことである。先生は、まず、ノートなどとらない方がいい。ノートを取るのに気をとられていると講義の大事なことを聴きのがすおそれがある、と教えた。

「それでは、大事なことを忘れませんか」

と学生が尋ねると、先生いわく、

「そんなことはありません。かえってよく頭に入るくらいです。ノートしてあると思うと、気がゆるんで、かえって忘れやすいのです。安心して、忘れるのですね」

そう言って、学生をおどろかせた。学生は教えられた通り、ノートを克明にとることをやめて、優秀な成績をおさめたという。

この学生は後年、ドイツへ留学したが、向こうの学生の多くが、じっくり耳を傾けるだけで、あまりノートなどとらない。ただ、面倒な数字などをメモするだけであるのを見て、老哲学者の教訓を改めてかみしめたという。

日本語は漢字と仮名の混合体である。仮名は見ても聴いても同じようにわかるが、漢字は目で読むようになっている。耳で聞くと、同音異義のことばがあってわかりにくい。つい耳を軽んじるようになる。教育程度の高い人ほど、耳が悪い、ということもある。耳バカがふえるのは一部、漢字のせいであると言ってもよいかもしれない。

外国旅行した日本人が、空港でまごつく。案内がよく聴きとれないからである。すこしは英語のできる人も、アナウンスに注意しないで失敗する。アナウンスは、Attention, please（アテンション・プリーズ）で始まる。日本語では、〝よくご注意ください〟の意だが、よく見よ、ではなく、よく聴け、という注意なのである。軍隊用語としては、アテンションは〝気をつけ〟の意味だが、よく注意して聴け、ということである。日本語で、注意、といえば、しっかりよく見よというニュアンスがつよい。日本人の耳がノンキになるわけである。

国際化の時代である。ことばは文字に劣らず話すことばが重要である。耳の鈍い日本人は大きな不利を受けるおそれがある。日本人は英会話が貧弱であるのは定説のようになっているが、耳にアテンション・プリーズの訓練をする必要がある。日本語についても、聞いたことがはっきりしないというケースが多い。やはり早い段階から聴く耳を育てることが大切である。

耳がよくなければ、口にものを言わせることも難しい。そのせいだけではないが、われわれ日本人はすこぶる貧弱なことしか話せない。高等教育を受けた人でも、うまい話のできるのは例外的である。古くから、話すことを軽んじて、しゃべる、といった。おしゃべりにロクなのはいないとみんな思っている。

明治のはじめ、英語のスピーチ（speech）という語が入ってきて、訳語に苦労した。日本に相当するものがなくて、訳語を創出しなくてはならなかったからである。演説としたがぴったりではない。実際にスピーチのできる人はずっと長い間、あらわれなかった。政治家がもっとも早くスピーチをする必要に迫られて、わずかながら雄弁家があらわれたものの、まっとうなスピーチのできる人はいまも例外的である。

一般の人がスピーチをするようになったのは戦後になってからのこと。外国のまねか、結婚披露で、来賓にスピーチをさせるのが流行になった。もちろん、スピーチの心得のあるのはごく限られていて、大部分がはじめてスピーチをするのである。緊張し、上がっているから、何を話しているのか自分でもわけもわからぬ。予め話すことを考えることもしない。短い話くらい、即席でできると勘違いしている。

話し出すとすぐ暴走、えんえんとつづいてまとまらない。ことに始末のわるいのは、「おわりに」といって新しいことをもち出し、「最後に」といってまた別のことを言いはじめる人だ。ブレーキのこわれたクルマよろしく止めることができない。宴会の料理をつくる調理場なかせである。スープがさめない料理の順がくるう。コックが、

「スピーチとスカートは短いほどいい」

と叫んだ。それを受けて、ベテランが

「どちらも、なけりゃ、もっといい」

とまぜかえした、という噂が広まった。

〝言挙げ〟するのを嫌った日本である。スピーチが文章を書く以上に難しいということを知る人はいまだにきわめて少ない。

アメリカ第二十八代大統領のウィルソン（Wilson）は歴代大統領の中でも雄弁家の誉れが高い。そのウィルソンがこんなことを言っている。

「長い演説なら、いますぐでも、引き受けて始められるが、三分のスピーチでは、すくなくともひと晩考えないといけない…」

日本語でこういうことを言える人は明治以来、なかったと言ってよい。そして、そのことに注意する人もなかった。口舌の徒は文筆の士に比べて品おとると考えられてきたのだ

からいたしかたもないか。

読み書きならわが国は決して他国にひけをとらない。学校教育でもかなりの成果をあげている。国語の先生は読み書きの先生である。話し聴く教育のことは考えていない。

前にも書いたが、戦前の小学校教員養成の師範学校では読み方中心の国語指導を行なった。それに引きかえ、話し方も聴き方も、まるで問題にしなかった。就学時までにひと通りできていると考えたのであろう。

ある全国紙の高名記者が、幼稚園で話をたのまれた。幼稚園児にきかせる話をするのはたいへん難しいことも知らずに、この大記者は依頼を引き受けた。園児を前にして、

「きょうは、フランダースの犬のはなしをします」

と切り出した。それは大人向けの話し方である。前にいたこどもが、

「ボクンチの犬はシェパードだよ」

と叫んだ。ほかの子が笑った。記者はびっくりしたはずみで、話のつぎ穂をなくしてしまい、しどろもどろになって退散した。記事を書くより、こどもにおとなしく話をきかせるのがはるかに難しいことがわかっていないからである。ベテランの幼稚園教師でも、こど

もを三分間、おとなしく話をきかせるのは難しいのである。

教師は本を読む以上に、話のできる能力をもつことが大切である。いまの学校には、生徒に甘い〝話せる先生〟はいても、本当に話せる先生は、暁天の星のように少ない。

私自身の経験では、話の上手な先生に三人めぐり会った。しかし、それ以上に大きな影響を受けた人がいる。

小学三年生のとき、ひとりのおじさんが学校に来て、吹きさらしの運動場の壇の上から話をした。一年から六年生までその話をきいている。おじさんは、

「みなさんモモタロウの話を知ってますか」

と切り出した。モモタロウを知らないでどうする。小学生だと思ってバカにしてはいけない。すこしムキになる。すると、おじさんはひと呼吸おいて、

「どうして、モモタロウはえらいのでしょうか」

ときた。さて、それはわからない。なぜだろう。とこどもたちは話につり込まれた。おじさんは実にわかりやすくモモタロウがりっぱであったことを話された。小学三年生の頭でもよくわかった。おもしろいと思ったから八十年後の今も忘れない。

このおじさんは、土地選出の代議士であった。当時は新進であったが、それから二十年して大蔵大臣となった小笠原三九郎氏である。

ああいう話のできる先生に教えられたら、どんなに幸せであろう、と何度も思い出すのである。

小笠原さんは例外であろう。政治家でもうまい話のできるのは数少ない。学校の先生で話の上手な人は、それよりもっと少ない。日本の不幸である、としてよい。〝話せる先生〟が求められていることを、ことばの教育をしている人たちも、深く考えることはないようである。

なんでも外国のまねをしてきた日本だが、この点は例外的である。話なんか話にならぬと思ってきた。もうそろそろ目をさまして、話すことを勉強しなくてはならないのではあるまいか。

話すことにかけては、政治家は、商人、教師、役人などよりすぐれているが、まだ、進歩の余地がある。

笑わせる話をするのは至難だが、落語家はおもしろい話をすることができる。ただ、せりふがきわめつけの古典であることが多く、創意工夫という点において欠けるところがある。新作落語をする人がさしずめ、話し方の先生であろうが、それに学ぶのは容易ではない。ラジオ、テレビなども、落語の番組をもっとふやしてもらいたい。

それ以上に必要なことは、学校教育において、話し方教育を行なうことであろう。そういう教育を受けた人が親になれば、わが子にはじめのことばをうまく伝えることができるようになる。

国語教育は、大きな未来の沃地をかかえていることに気付かなくてはならないように思われる。

言文一致

明治以降の近代国語において、もっとも大きな問題でありながら、なんとなく棚上げされてきたのが言文一致である。なにごとも、外国に見倣えという考えであった明治であるから、ヨーロッパ、アメリカで問題にならないことだから、とるに足りないことこととされたのは是非もない。

そういう中にあって、外国文学を読み、さらにこれを日本語に翻訳しようとした人たちが、外国では言文一致している、日本のような言文別途、言文二途はおくれている、よろしくない、と考えて、言文一致運動が始まった。明治二十年代のことである。

ヨーロッパの各国語は、中世末期に独立性を高めた新しい言語である。しかし、ラテン語系の色彩の強い文章語と方言に近い話すことばの差は小さくなかったが、耳のことばを切りすてて近代語になった。日本から見れば言文一致しているように見えたであろうが、目のことばと耳のことばは決して一致していない。そんなことがわかるほど、日本人の外国語は成熟していなかった。勝手に言文一致しているときめて、そうでない国語は遅れている。そう考えて、文明開化の一端として言文一致運動が始まったのである。

それから百年以上たっている。このごろ、言文一致を口にする日本人はすくなくなっているが、言文一致になっているようにみえて、その実、自他ともに歎いているのである。

戦後しばらくして、日本学、ジャパノロジーの世界大会が開かれたことがある。南米のアルゼンチンから、まったくの独学、日本人に会ったこともなく日本語を習得した人が、論文をたずさえて、ジャパノロジスト大会にあらわれた。

ほかの研究発表をきいてこの南米人はおどろいた。日本語は〝言文一致〟であるということを根拠に、論文を「である」体にしていた。発表者がみんな、「です・ます」でやっている。この人は大あわてで文体を変えたが、どうして、一致していないのに一致しているように言うのか、と不満をもらしたと伝えられる。(また聞きの話で、事実と違っているかもしれないが、おもしろいエピソードとして忘れられない)

日本語は、漢文系と和文系の混合体である。もちろん、漢文系が早く確立した。平安朝の貴族、上流の男性はもっぱら漢文を書いた。それにひきかえ、上流の女性は和文を綴った。詩歌ではなく散文を書いたのは、おそらく世界でももっとも早かったであろう。「源氏物語」や「枕草子」など、現代においてもすぐれていると考えられる文章があらわれた。漢文より和文の方が話すことばに近かったけれども、漢文の文に対して和文が言であるとは言い切れない。どちらも、〝文〟である。しかし、しいていえば、平安朝においてすでに、言文は別途をたどっていたのはたしかである。同じように書くことはできたからといって、漢文と和文を一致させることはできない。

漢字まじりの仮名文というスタイルを発明して、両者を融合させようとしたのは、目ざましい発明であったと言ってよいだろう。しかし、それは文体上のことである。同じく書記言語の範囲内の処置である。文章と談話が二人三脚のようなことを仮定する言文一致とは、およそかけ離れた。

公的には文字、漢字が用いられ、私的、当用に話しことばをあらわす仮名が用いられる方便によって、文高言低、文章優先の感覚が支配的になったが、それに対する反省は充分でなかった。

実際、明治以後の、日本における言文一致運動にしても、文字のことば、音声のことばを一致させよう、などということは一度も考えられなかった。

もっとも、文末の動詞について、文語の「なりき」を「だった」という口語に近い形にしたというのにとどまる、きわめて不徹底な言文一致であるが、それは、当事者の努力不足によるものではなく、現実的な変革であったとしてよい。

国語は、文字、文章が中心である。話すことばは方言として発達するが、歴史の表面にあらわれることなく、別途の発達をとげてきた。言文一致を考えるまえに、話すことばの統一が、もしできることなら、試みられなくてはならなかった。話すことばとしての国語は、現在もなお確立しているとは言い難い。

ＮＨＫ放送のニュースは一応、共通語によっているが、関西圏の視聴者はこれをきらい、関西弁に近い民放ニュースを好むといわれる。

昭和三十年代のはじめごろまで、国語は、話し聞くことばとしては全国統一されていなかった。東北、北海道、九州出身の学生は、東京の大学へ入学しても、当面、教師の話すことばがよくわからない。秀才でも半分もわからないということがいくらもあった。

小中高と十二年間も学校教育をうけたのに、東京語がわからないのである。教師が方言で教えていたからで、いくら本を読んでも、東京方言ともいうべき、共通語はわからない。

言文一致より方言を標準的なものにまとめる努力がなされるべきであったが、国語の研究者、教育者が無関心であったのは不幸である。いくらか共通口語確立のために効果をあげたのが、テレビ放送である。大正時代に始まったラジオ放送は日本語の標準語を確立するのを目標にかかげたが、イギリスＢＢＣのまねをしたために、ただのお題目であった。テレビは話しことばの教師として大きな力を発揮したといってよい。しかしテレビ自体はことばのリーダーとしての自覚が充分でなく、歌ったり、おどったり、ふざけ合ったり中心の番組を放送している。それはおかしいという声もないから、泰平である。

新聞も外国の模倣で始まったものであるが、形式はまねられても、その心を学びとることは困難であった。沈黙の言語で叫び、社会を教導する木鐸であると自称したが、ことばへの関心は充分であったとは言えない。

現在においても、文体がしっかり定まっているとは言えない。「である」調を基本としているが、すこし文章的、文字的でありすぎる反省はなされていて、文末語尾の工夫がなされているのは注目される。体言どめの文章が見えかくれするが、これは言文一致ではなく新しいスタイルの動きと見てよいように思われる。

学校のことばは、もっぱら文字言語を対象にしていて、音声言語への配慮、努力はほぼゼロである。世界でも、例を見ないほどの活字言語、文字言語への集中である。これはただの言語問題であるだけでなく、日本人の知性の性格を決定づけるほどの重要な問題をふくんでいる。そういう反省が、ここ百年の間、一度もおこらなかったのは、〝ことだまのさきはふ国〟として不名誉なことと言わなくてはならない。

近年、若ものを中心に、本離れ、活字離れが注意され、文字活字文化振興法という法律までできたのも、活字偏重文化を象徴しているのかもしれない。本を読まないのがいけないのではない。話すことばを豊かにし、創造的社会を拓くのはかならずしも文化の後進ではない。いたずらに本を読み、知識をふやすだけでは、個人としても、社会としても新しい世界を創造することは困難であると言ってよい。文字活字は、とかく、保守的でありがちだ。議論、談話は安定性に欠けるところがあるけれども、活動的で、変化に対応し、新しい文化社会を創出する力を豊かにもっている。それに、気付くのが新しい知性である。

文章をありがたがり、おもしろがる社会だから、文学が好まれる。小説が最先端の文化であるような錯覚をもつのである。

学校の国語教育も、最近すこし様子が変わってきたように見えるが、なお、文学作品が中心である。文学国語は文学青年の気に入るかもしれないが、ことばの力を身につけるのには適切であると言い切ることができない。

いつか、現行の高等学校の検定国語教科書をいくつかながめる機会があっておどろいた。各社とも、芥川龍之介「羅生門」をのせている。どうして、こんなことになるのか、教科書編集のベテランにきいてみたところ、「羅生門は定番教材で、あれがないと教科書にならない…」などと言われた。日本の近代文化、文学が、芥川のあまり出来のよくない短編小説を手本にしているのだとすると、すこし情けない気がする。

国語の教育をしている人は、もっと、国語を大切にしないといけない。自らの狭い視野にとらわれないで、ことばを愛する心をもっていてほしい。小説をありがたがるのは、ことばを大切にするのとは微妙に違う。それに気づかないのはいわば鈍感さである。

日本人は、寄ると、さわると、ドラマチックだと言ってさわぐけれども、本当のドラマ、演劇は、それほど好きだというわけではない。芝居もドラマの端しくれではあるが、半分は、歌のようなせりふで、オペラ的である。欧米からドラマをとり入れて新劇が始まったが、本当にドラマを好む、演劇青年は例外的である。

やはり、文字中心のことばが支配的であるからで、話すことばが、文章とは違ったおもしろさ、文字以上の感動を与えることを、われわれは、知らない。

学校の国語の教科書を見ても、戯曲をとりあげているものはすくない。戯曲は長いから、教材として扱いにくいということがあるが、言文融合としてはもっともすぐれたジャンルである。イギリスの教科書を見たことがあるが、戯曲教材がいちじるしく豊かである印象を受けた。その真似をするのではなく、すぐれた短篇ドラマに触れさせることによって、文字のことばと音声のことばは親和することができる。

テレビがドラマに力を入れているが、脚本が文学的、文字的でありすぎるきらいがあり、出演者、タレントにことばの力も欠けていることがすくなくない。一般にドラマのおもしろさ、美しさを伝えることに成功していない例が多い。これは、社会を反映しているものであろうから、テレビ関係者のみを批判するのは適当ではないだろう。

日本語にふさわしい、日本人の好みに合ったドラマが生まれれば、言文一致はできないにしても、言文両立を達成することはできる。

こどものときにやった学芸会の芝居のまねごとが、いつまでたっても、忘れられないのは、ドラマがあったからであろう。大人にとってもドラマは、ことばのおもしろさを教えるだろう。

段落とパラグラフ

こどもにとって小学校の教科はいずれもやさしいもので、教えてもらえばよくわかる。ことに国語では難しいことはない、といってよい。

唯一の難所は、段落である。「段落の意味を記せ」などという問題が出ると、途方にくれる。一字下げて始まる文章群が段落であるということは知っている。しかし、それにまとまった意味があるということは知らない。先生も教えない。教えないではなく、教えられない。よくわかっていないのである。形式は知っているが、それがまとまった意味をもっていることは知らない。それでも国語教師はつとまる。

段落は、もともと日本語にはなかった。わからなくても恥ではない。いっそ段落なんか、始めから問題にしなければよかったのである。外国語にはパラグラフが重要な単位であるけれども、それは、外国語のこと、国語で気にする必要はなかった。なにごとも外国を手本にしようとすれば、そんなことは言っていられない。とにかくとり入れよう。

そう考えたのは明治二十年代の文部省である。国定教科書の文章に段落をつけた。はなはだ進歩的だったわけだが、一般に伝わったのは、段落のはじめの一字を下げるくらいであった。お上はすすんでいるが、下々はついていけない。新聞なども、段落をあいまいにしたままで、戦後になって、句読法とともに段落をはっきりさせたくらいである。小学生がこまるのは是非もない。

「源氏物語」にも、もとは、段落がなかった。えんえんと文章が続き、切れ目がない。そういえばみなそうである。いまの版本には、段落がついているが、それは役人の加工である。改作ではないが、それによって、原文の味わいに微妙な変化がおこることを見逃すことは言語鈍感である。

形式は真似られても、意味を模倣するわけにいかない。現在においても、国語の段落は明確にとらえられているとは言えない。

外国語の段落というものについての知識も認識も充分でない。英語を教える人間でも、パラグラフのセンスのしっかりしているのは例外的で、ことばの単位は、語・句・文どまりだと思っている。

そういう教師に教わるのである。五年たっても十年たっても、パラグラフという単位が思考、読解にとって、きわめて重要な単位であることはついに学びそこねる。それで英語が読めると自他ともに考えてきた。

このごろはすこし様子が変わったが、かつての大学入試では、英語のひとパラグラフを和訳する問題が主であった。英語はおろか国語のパラグラフも知らない受験生の負担はきわめて大きい。答案を見ると、白紙がかなりある。歯が立たないのである。それでも、原文のはじめの二、三行のところに鉛筆の線がのこっていて悪戦苦闘をしのばせる。もし、パラグラフがわかっていたら、とかわいそうになる。

イギリス人だって、すべてパラグラフのセンスがしっかりしているとは限らない。しかし、標準というものがある。文章の長さは、一行十語前後として、十行から十二行くらい。

パラグラフは大きく三部に分かれる。はじめの二、三行がやや抽象的な言い方の文章である（A）。つづいて数行が、具体的に例示する文章（B）。そして最後の数行がまとめで、抽象的な書き方（C）であることが多い。

標準的なパラグラフは、このA、B、Cに分かれていて、バラバラではなく、同心円のように重なっている。つまり、AもBもCも同じ意味をもっている。B、CはAのバリエイションである。

これだけの心得があれば、入試の英文解釈で不当に苦しむことはないのである。日本人は抽象的表現によわい。外国語ならなおさらである。問題のAのところでわけがわからなくなるのは是非もない。そのあとのBの部分では、Aと同じ趣旨を具体的にあらわす。これはわかりやすい。多少、ゆれている単語はCのところによって安定する。それでわかるのである。

これだけの心得があれば、原文のもっとも厄介なところにこだわり時間を空費することもない。それを知らないばかりに苦い目に遭った日本人がどれほどいるか、それを考えると、たかが段落、パラグラフと笑っていられない気持ちになる。

英語のパラグラフはしっかりした単位である。いくつ重ねても崩れにくい。大きな本でも、パラグラフをつみ重ねて、つくり上げる。いわばレンガのようなものだ。

それにひきかえ、日本語には本来、パラグラフに当たるものがなかった。外国のまねで段落を形式的にはつくってみたものの、しっかりした単位ではない。英語のパラグラフがレンガのようなものだとすれば、国語の段落はトウフのようなもの。形は似ているが、堅さが違う。レンガはいくらでも積み重ねられるが、トウフは重ねると崩れる。しかたなく横ならびにするというわけだ。

レンガづくりの文章は何百ページの本でもまとまるが、トウフのような段落の日本のことばは長大篇には向かない。書きおろしの本が生まれにくい。そのかわり、短歌とか俳句のようにトウフを切り分けたような短詩型文学が栄える。レンガ的言語で俳句をつくるのは困難であろう。

読むのはともかく、文章を書くとき、どれくらい段落を意識しているか、個人差もあって、はっきりしたことはわからないが、あまり段落のことばは考えないのが普通であろう。とにかくセンテンスを重ねていく。すこし長くなったから、ここいらで、一休み、というわけではなくても、段落を新たにする。一字下げるだけで、新しくできるのだから楽なものである。

段落より小さな区切りは、ヨーロッパ語では句読点で示した。といっても、印刷が普及して以来のことで、多くは、句読点がない。そう言えば、パラグラフもいまほどはっきりした区分ではなかった。

明治になっても、ことばはただ書きつらねられるだけ、段落のないのはもちろん、句読点もない。ただことばがえんえんと続く。

やはり、外国の表現には句読点がついている。日本語にもとり入れようとして、テン（、）とマル（。）を発明した。これも、まず文部省が採用した。国定教科書には句読点がついたが、一般はにわかにはそれに倣わなかった。官庁が新しいものを導入するのに熱心であったのに対して、民間はすぐにはそれに追随することをしなかった。案外、保守的だったのである。

大新聞は長い間、句読法の枠外にあった。教科書のような句読点をつけるようになったのは、戦後になってからで、これは、多少、アメリカの影響があったかもしれない。

一般はさらにおくれた。いまだに、しっかりした句読法が確立していないかのようである。センテンスの終末を示す句点（。）はいいが、読点（、）があやふやである。

有名な作家が、

朝起きて顔を洗い食事をして外出した。

という文章があるとして、どこに読点をうつのかわからない、というような質問をしたのも、お互いさまだから、おどろく人もなかった。

ヨーロッパにおいても、ごく古い時代、句読点は見られない。それでわかったのである。印刷が広まり読む人がふえるにつれて、読者の理解を助ける意味もあって、句読点がつけられる。もともとは、読者の理解をたすけるためのものである。読む側が充分、もののわかる人、ことばを読む力のある人であるときには、句読は蛇足のようになる。

相手を立てることを好む国語では、句読法が生まれる状況になかったとしてよい。下手につけたりしては相手に失礼にあたる。

いまでも、ごく改まった文章にはテンもマルもないのがむしろ普通である。印刷でなくても、毛筆で書かれる手紙に句読点をつけるのは不作法である。失礼になる。漢字仮名まじりの日本文は、もともと、句読点などなくてもわかりやすい、というところがあった。漢字制限がおこなわれて、仮名のつづく文章がふえると、誤解をさけるための句読点が必要になってくる。読みにくさを避けるために読点をうつこともある。

日本式の句読法を考えなくてはならない。

俳句や短歌に句読は不要である。あってはいけない。一般の文章についても、それに近い気持ちを多くの人がいだいていると言ってよかろう。

このところすこし下火になったようだが、新聞広告などで商品名のあとに「。」をつけたのを散見する。一定の大きさ以上の文字には句読点をつけないという感覚がゆらいでいる。大山太郎様。というアドレスの手紙を出して平気な若い人たちは、外来様式のまねをしているつもりかもしれないが、外国でも、そんな無様なことはしていない。

外国に学ぶということはもちろん悪いことではないが、形だけとり入れて、その心を考えないのは未熟である。ことばにおいてはことにそうである。

なんでも外国のまねをしようとするのは悲しき風潮である。在来、固有のもののよさを舶来文化でつぶしてしまってはならない。伝統のよいところをなるべく多く残したい。そういう気持ちをもつのがことばのナショナリズムである。われわれ日本人は、そういう保守性を恥じるところがあるのを、反省すべきときに達している。

正書法

戦前も、略字がまったく使われなかったわけではないが、やはり例外的であった。正式に略字がまかり通るようになったのは、戦後かなりしてからである。

やがては略字は統一されるのだろうが、しばらくは正字とのダブル・スタンダードが続くだろう。そういうのが日本式である。

統一しなくては承知しない人たちもいる。代表的なのは、出版社の校閲、校正の仕事をしている人たちである。いまのところ、校閲は誤植を正すのではなく、ことばの吟味、確認を主な仕事にしているように見える。とりわけ用語の統一にきびしい目を向ける。

「75ページには〝こども〟となっています。ここは〝子ども〟です。統一してください。」

というコメントをつける。

こどもを子どもと書こうが、子供としようが自由である、というところが日本語のおおらかさ。どれがいちばん正しいとは決められないから、校閲は、統一でしばろうとする。

同じ文章の中で、こどもが出てきたり、子供があらわれたり、子どもだったりしては見苦しいと校閲者は考える。書く側は別のルールによっていることが多い。仮名ばかりつづいているところへ、仮名のこどもが出てきては、まぎらわしい、よみづらい。そういうところでは、子ども、あるいは子供を用いる。思い切ってコドモとすることだって可能である。つまり、読む人のことを考えているのである。英語ではこういう真似はできない。child はいついかなるときも child である。くりかえしでうるさいときは、別のことばで言いかえる。日本語はいく通りもの書き方ができるから、書き手にとっては便利である。校正、校閲はそれをおびやかすのである。

かつては、言葉が普通であったが、戦後のいつころからか、コトバとするのが新しいようになって、多く用いられるようになった。ことばはほかのことばとまぎらわしくて敬遠され気味で、見かけることはすくなくなっている。

戦前の小学校ではカタカナ、ひらがな、漢字の順に教えた。戦後になって、ひらがな先習論が力を得て、ひらがな中心となった。

ところが初期のコンピューターがカタカナを打ち出したから、カタカナが力を増し、漢字にとって代わるようになった。大企業が永年売り込んだ漢字社名を惜し気もなくすてて、わけのわからぬカタカナ名にした。

前にも書いたが、人名は、かつては男子は漢字、女子は、ひらがな漢字ときまっていた。戦後になっても、男子名は漢字というところは不変、女子の名は大きく変化、仮名がへって、漢字が多くなったが、その漢字は仮名の代用であって、漢字の意味をすてている。麻衣は、麻のころも、のことではなく、マイをあらわす漢字である。ヨーロッパ語ではこういう芸当はできない、ということを考える日本人はない?

日本語には正書法がない、と言ってよい。そして、そのことを日本は知っていても、知らぬようなふりをしてきた。ヨーロッパ語にはどれも正書法(オーソグラフィ)がある。

綴字がきまっていて、外れれば、誤記、誤植とされる。

明治のはじめ、外国語によって日本語を変えたが、正書法だけは手がつけられなかった。

そして、そのまま、学校教育をすすめてきた。文字の書き方にはっきりしたきまりがない。

おもしろいのは、戦前からの法律の条文である。たとえば、民法、第二節、第四条は、

第四条　未成年者カ法律行為ヲ為スニハ其法定代理人ノ同意ヲ得ルコトヲ要ス但単ニ権利ヲ得又ハ義務職務ヲ免ルヘキ行為ハ此限ニ在ラス

となっていて、句読点は一切なし、濁点もついていない。これが現行法の条文である（平成十七年に口語化、第五条となった）。新仮名遣いによって育った人にはたいへん読みにくい。だからといって出版社の校閲のように〝統一〟させることができないから厄介である。不統一、多様を許容しなくてはならない。

戦後に制定された学校教育法などはまったく違った文体である。たとえば

第七条　学校には、校長及び相当数の教員を置かなければならない。

という表記である。濁点もつくし句点も読点もついている。はっきり明治生まれの法律と異なった文体、表記法によっているが、正書法の考えが確立していないから、〝統一〟することができない。それで実際に不都合がおこらないのである。

仮名遣いは一種の正書法であるが、正書法ほどの拘束力をもっていないから、戦後になって歴史的仮名遣いを改めて現代仮名遣いにした。多少混乱はあったが、とにかく切り換えられた。

日本語に漢字が多すぎるというので、戦時中から漢字制限の考え方がつよまり、戦後、当用漢字、ついで、常用漢字を制定した。しかし仮名書きは認められているから、正書法とは言えない。

近年、ことに、わずらわしいのが、年号である。平成二十六年は二〇一四年である。公式には、平成二十六年とすべきであろうが、新聞は、二〇一四年を先に出し平成二十六年はカッコに入れている。横組みだから2014（平成26）年6月20日と印刷される。ダブルスタンダードであるけれども、おかしいと言う人はないらしい。
住所表示でも数字が多くなって、まぎらわしくなった。

二一三

というのが、手書きだと

二二二／一三二／二一一二／一一二二

などと誤解するおそれがある。それで、

2 1 3

とすることが多くなった。和漢字はタテ書きするといく通りにもよめてまぎらわしい。それをさけるためもあって、かつては改まったときは、壱、弐、参などと漢字を用いたが、いまは使われない。

算用数字も書法が安定していない。このごろは、10年と書く。かつては十年が慣用で、一〇年、10年と書いたものである。数字の表記はゆれている。実際に不便を生じているのだから、正書法が必要である。

日本語はもともとタテ書き、次の行は左へ書く。本は右開きである。

ところが、横に書くときは左から右へむかって上から下へ行をかさねる。

両者は別々のルールになっている。

それについておもしろい話がある。内田百閒の随筆に出てくるのだが、鉄道関係で雑誌を出すことになった。左書きか右書きかで、やかましい議論になる。誌名は〝汽笛〟である。この二字を雑誌の表紙にのせようとしたのである。それを左からにするか、右からにするか議論になった。さんざん言い合ったすえ、ひとりが提案した。いっそ、仮名にしよう。〝きてき〟。これなら右も左もない。左から読んでも右から読んでも同じである。一同納得、それにきまったというのである。

英語などでは、こういう芸当は考えられない。正書法がないおかげである。正書法がないために、表記にいろいろ変化が出せる。

漢字と仮名を混ぜて書くのはもともと無理なのである。正書法でしばることは難しい。

漢字が制限されるようになって、印刷物の字面は、仮名が多く、見た目は明るくなった。しかし、困ったこともある。読みにくいのである。

小学生が、習字で〝はははたいせつ〟と書いた。張り出されたその文字を見て、その子の母親がそんなに親思いかと帰ってこどもをホメると、こどもはきつねにつままれたよう。母親は、〝母大切〟だと思ったのだが、こどもは〝歯は大切〟のつもりで書いたのだった。

仮名がえんえんと続くようだと、いまの日本語のように続けて書くと読みにくい。ヨーロッパ語は、いわば仮名だけのようなものだから、一語、一語、分かち書きをするのが正書法になっている。日本語が分かち書きしなくてすんでいたのは漢字まじりの文章を書いてきたからで、仮名がふえると、読みにくくなる。

それかといってにわかに分かち書きにするなどということはできることではない。分かち書きに代わるものとして、読点（、）をふやす書き方が広まっている。やたらに点があって、うるさいと年輩の人は言うけれども、なければ読みづらいのである。もともとしっかりした句読法がない日本語だから、すこしくらい多くなっても目をとがらすことではないかもしれない。

正書法が確立していないのは、かならずしも日本語の欠点ではない。むしろ、そのために、表現の多様が生まれていると考えることもできる。正書法などということばを知らなくても日本語はりっぱに書ける。

敬語

街を歩いていて、びっくり、いやな気がすることがある。

すぐ前をすれすれに横切っていく人があるのである。混雑しているところならしかたがないが、広々としたところで、目の前を知らん顔して横切る。

あぶないじゃないか、失礼じゃないか、なんて乱暴な、などという怒りにも似た気持ちになる。気の短い友人に話したところ、彼は過激である。張り倒してやりたい、蹴飛ばしてやりたい、と思うことがあると言った。その気持ち、わからぬではない。

その友人に言わせると、人の前をすれすれに横切るのは挑発だ、である。殺してやりたいと思ってもおかしくない。昔の大名行列は供のものが、〝下へ、下へ〟と叫んで先ぶれをした。もし、それをさえぎったりするものがあれば、切ってすてられるかもしれなかった。いまは時代が違うが、直前を横切る相手に対して、一瞬、殺してやりたいという気持ちになることがある。この友人は物騒なことを打ち明けた。

人の行く手をぶつかるように横切るというのは、戦後の悪習で、相手のことを考えない自分勝手のあらわれだと考えていい。その身勝手は、こどものときのしつけの足りなさによると思われる。たとえば、敬語をしつけていれば、まちがっても、こんなことはしなくなるはずである。相手のことをすこしでも考えたら、その行く手を、すれすれに通ることなどあり得ないだろう。

戦後の家庭は、核家族をよしとした。家族はみんな友だちのようであるのが新しいと錯覚した。三世代同居であれば、親は老親に敬語を使う。ご用聞きがやってくる。商人はていねいなことばを使うから、それに対してやはり、一種の敬語をつかう。両者のていねいさに差のあることを、こどもは覚えるともなく覚えた。

核家族は友だち夫婦と友だちこどもだけだから、ていねいなことばを使う場面がすくない。もちろん、敬語などというものは知るべくもない。

学校も、デモクラシーをはき違えた教育をする。教師と生徒は友だちのようであるのが望ましいとする進歩的？　空気に支配される。敬語などの出る幕はない。

あるとき、昔の学生に、本をやった。礼状が来たのはいいが、はがき、である。

「本受けとりました…」

とあるからおもしろくない。こんな人間を教えたのかと情なくなって、叱責のはがきを書いた。

「本を受けとる」

というのは、自分が人に貸した本が戻ってきたときのことばである。受け取るのは、当然くるものが来たときのことば、人から送られたものは〝いただく〟〝頂戴する〟でなくてはいけない。それに、人からもらった本を、ただ〝本〟と呼びすてにするのは、こどもでなければ恥ずかしい無知である。〝ご本〟などとしなくてはいけない。

礼状ははがきなどにすべきではない。封書が常識だ、というようなことは言ってもしかたがないと思って書かなかった。

相手は、どう思ったのか、何とも言ってこなくて、はなはだ、後味の悪い思いをした。編集者はことばのエリートであるから、一般の人間よりことばの感覚がすぐれているだろうと思うが、そうでないこともある。

「原稿できましたら、とりに行きます」

と言ってくる。「原稿できましたら」というのは、自分の原稿のことになる。ひとの原稿なら、お原稿くらいにしたい。昔は〝玉稿〟だったが、いまどきそんな大げさなことばを使う人はいない。

「とりに行きます」はもっといただけない。〝ます〟とあるから、ていねいなつもりなのかもしれないが、これでは、昔流に言えば、借金とりが貸した金をとり立てるときくらいにしか使うことができないのである。それを知らなくてもエディターでございます、と言っていられるのだから、ありがたい世の中である。

結婚する若い二人が、連名で、披露の案内をよこす。

「わたくしたちは外山様のご出席を希望しています」

などとあるから、行くのがいやになる。〝わたくしたち〟が不要である。わたくしたちにきまっているではないか。わかりきったことを表に出すのは失礼になる。外山にあてた案内である。わざわざ名を出す必要はない。必要のないことは蛇足になる。蛇足はやはり失礼になる。「ご多用中、まことに恐縮ですが、ご臨席いただけましたら大慶に存じます」と昔の人は書いたものである。

こういう案内状は、会場で印刷してくれることが多いから、さきのトンチンカンな文面も、会場の方でこしらえたものかもしれない。プロであるが、知らないことは知らなくて、恥をかく。しかし、それをおかしいと見る人がすくなくなったからめでたいと考えることもできる。

「私、尊敬できない人に敬語を使うことがいやなのです」

ある女子大学生が書いた文章に出会っておどろいたことがある。敬語は尊敬しているから用いるものだと考えているらしいのがおかしかった。敬語を文字通りに受け取ればそうなるのかもしれない。敬語を知らない、つかわないのはしかたがないが、それを得意になって言いふらすのは低級である。無知の思い上がりである。この学生は、さらに、「先生も、外国語には、敬語などない、と言っています」といって、先生にも恥をかかせた。いずれ国文科の教師であろうが、外国語など不案内にきまっている。ききかじりで、外国語には敬語がない、をふりまわしているのだろう。

文法は各国語においてそれぞれ個性的に違っている。万国共通文法（ユニバーサル・グラマー）の思想はあっても、具体的に万国文法は存在しない。できないのである。

敬語は日本語文法では重要なカテゴリであるが、英語などでは、待遇表現として同じような語法を認めているが、明らかな違いがある。敬語そのものはないが、ていねい語法がないわけではない。

外国語に敬語がない、というのは、敬語をきらっている人の考えることである。日本の文物で外国と異なるところは、すべて日本に非があるように考えるのは、明治以降の拝外思想のとばっちりで、後進国の悲哀であると言ってよい。それを誇るのは恥ずべきことであるという反省はない。

外国語にあろうとなかろうと、日本語における敬語は日本文化の伝統に根ざしている。

それによって、「ことだまのさきはふ国」と誇ることができたのである。

敬語は日本のナショナリズムを代表するもので、和をとうとび、相手を尊敬、自我を抑制、闘争を回避する点において、世界に誇ってしかるべきものである。

外国人で誤解するものがあれば、その蒙をひらかなくてはならない。それを勘違いして恐縮するのは非愛国であると言ってよい。


大戦に破れて日本人はすこしどころでなくおかしくなっていたのであろう。

戦争に負けたのは、日本語のせいである、ということを本気で考える人があらわれた。

小説の神様、と戦前、あがめられた大作家が、戦争に負けたのは、日本語を使っていたからである。フランス語を国語にしていれば戦争なんかにならずにすんだだろう。そんなことを大真面目にのべた。さすが、冷笑する向きもあったが、えらい文学者の言うことだから、そうかもしれないと受け取った人もすくなくなかったようである。

日本語がいけなかったのだと考える人はそれほど多くなったかもしれないが、敬語は封建的でよろしくない、と考える人は、知識人中心に多かった。戦争に負けたのは敬語のせいだとまでは考えないが、敬語などない方が進んだことばであるように思ったのであろう。敬語を目のかたきにした。

すでに国民の多くが敬語の正しい使い方がわからなくなっていたから、敬語廃止は歓迎された。ことばを人為的に消滅させることができるものか、そんなことを考えるゆとりはなかった。

たしかに、敬語は複雑で、こどものときによほどしっかりしつけられないと、うまく使いこなせない。学校で勉強するくらいでは身につかない。敬語の乏しい地方では、敬語の使えない人が多くて、社会へ出て苦労が多かった。

敬語を嫌った人たちは、日本が嫌いだったらしい。外国の思想にかぶれた人たちは、日本をきらい、日本語をさげすみ、外国のようになりたいと願ったようである。敬語など重視するのは保守反動だと考えた。

つまり、ナショナリズムがきらわれたのである。戦争が終わってしまったから、ナショナリズムなどあってはならない。そう考えた人たちは、日本語をナショナリズムの死にそこないのように思ったのであろう。日本語はダメなことばであると感じる識者がゴロゴロいた。

敬語はその日本語のもっとも個性的な部分である。ナショナリズム排撃の鉾先が敬語に向けられてもおかしくない。実際にそうなった。

さすがに国語の教師は大声をあげなかったが、言語学の専門家は当然のように敬語の整理を主張した。さすがに全廃とは言わないが、すくなければすくないほどよい、と言った。学校が敬語を教えないのは当然である。家庭でも使われない。敬語ゼロの中で育った人が大勢を占めるようになって、日本語は性格を変えることになった。

人と人とが接触すると、マサツを生ずる危険がある。へたをすると衝突して火花をちらすこともある。それをさけるためには、クッションになることばを交わして、危険をさける。あいさつはそのひとつ。はっきりした意味はなくても、対人マサツを除く潤滑油としての効果は小さくない。

敬語も同じように潤滑油の役を果たすことがある。あるがままでは相手を悪く刺激することも、敬語でくるめば、おだやかに受け容れられる。

敬語はまた衣服のようなものだと考えることもできる。こどもなら、裸で歩きまわっても愛嬌であるが、一人前の人間が何も着ないで人前に出るのは論外である。よその人に会うのなら、相手に相応しい服装をととのえる。昔の貴人は何枚もの着物を重ねて、相手への敬意をあらわした。

そんなことはどこの国だって同じはずだが、実際には大きく異なる。ナショナリズムだからお国柄を反映していて当然である。日本はもっとも、ていねいな装いをする国であるといってよい。封建的だからではなく、人間関係が成熟していて、相手に失礼になることを避けようという気持ちがつよいためである。

別に誇るべきことでもないが、恥じなくてはならないことではない。そういうことを戦後の日本は考えなかった。国を愛する心をすて、母国語を大切にする精神を悪いと勘違いして、敬語はほぼ消滅するようになった。

ひとくちに敬語と言うが、敬語には三つの語群が含まれている。まず、尊敬語、相手を高めることばづかい。ついで、謙譲語。自分をひくめる言い方である。そして、ていねい語。これは、ものごとを、美しくする役目をもっていて、一般のことばにつけられる。酒といわないで、お酒というのはていねい語である。

尊敬語が敬語であるのはわかりやすいが、自分を低めることで相手を高めるのは日本語の敬語の大きな特色である。相手を立てる心が底流にある。

相手を立て、自己を低めていれば、争いになるべきところでも、コトなく通り抜けることができる。さらに言えば、相手の攻撃をかわす自衛の心理がはたらいていると見ることもできる。敬語はひとのためならず、であると言ってよい。

いずれにしても、敬語は、平和、友好のために大きな貢献をしている。何なら、外国へ輸出して、世界平和のために役立たせてよいくらいである。それを日本人自身で否定するようなことがあっては、おかしい。

国語の勉強では、積極的に敬語の心を育まなくてはならない。自国のことばを大切にしない国は外国から尊敬されることがないのである。

俳句的

もっとも日本的な文化はなにか、ときかれても、即答の用意のある人はすくないであろうが、素朴な考え方からすれば、日本語だと言ってよい。

その日本語でもっとも日本的なものは何かと言えば、やはり、短歌と俳句であろう。ほかの国に、これらに対応するものがすくない。しいて言えば、昔の中国の漢詩くらいであろう。歴史的に考えれば和歌が日本語の粋であるが、明治以後、短歌となってすこし変化があったと見られる。比較にならぬほど若いジャンルである俳諧は、明治の近代化で大変化を受けたが、焼け太りよろしく力をつけた。さらに戦後に大試練をうけたが、和歌、短歌に迫り、それを凌駕する勢いを示せた。いまの日本語はいわば混沌状態にあると言ってよいが、その中にあって俳句はもっとも強力であるように思われる。

戦後間もないころ、出版社主催の歌人・俳人合同のパーティがあった。門外漢ながら私も招かれて出席した。知った顔もあるはずだが、どこにいるのかわからない。会の係の人に、「俳人はどこですか、歌人は?」と尋ねると、係の人は、笑いながら、「あの黒いのが俳句、明るい方が短歌です」と教えた。

俳人は男性ばかりで黒装束? 歌人は女性が多く、花やかな服装である。なるほど、うまい区別だと感心した。

そのころ、私も俳句は男性的、短歌はなんとなく女性的だと感じてはいたが、目のあたり、それを見せつけられて、やはり、びっくりした。俳句は男性的だった。

そのすこし前、昭和二十五年に、俳句を作る人だけでなく、日本の文芸に関心をいだく人たちに衝撃を与えたベスト・セラーがあらわれた。桑原武夫『俳句第二芸術論』である。

桑原は、イギリスの文芸批評の論法を借りて、俳句の後進性を衝いたのである。もともと、楽天的で趣味に生きることの多い俳人たちであるが、思いもかけない批判にすっかり弱気になり、あわてふためいた。俳句に好意をいだく人たちも、鼻白む思いをした。それまで、戦争中の俳句を戦犯扱いをして気焔をあげていたイデオロギー俳句の人たちも、なすすべもなく沈黙した。気の早い連中で、「もう俳句はダメだ」といったことまで口にするものがいた。

そんな中で、俳壇の最高権威、高浜虚子が「第二でも、芸術にしてもらってありがたい」という意味のことばを吐いたというのが印象的だった。虚子はやはりハラがすわっていたのである。

『俳句第二芸術論』とほぼ時を同じくして、俳句に新しい風が吹きはじめていたのである。それまで、あまり俳句をつくらなかった女性が俳句に興味をもち出した。はじめにものべたが俳句をつくるのはほとんどが男性というのが伝統である。女性は新規参入と言ってよい。はじめは小さな動きであったが、年とともに勢力を大きくし、またたくま、ではないが、やがて、俳句結社はどこも会員の過半数が女性ということになった。

どうして、女性が俳句を作り出したのか。不思議がられたが、そういう問題を考える批評はわが国には存在しない。マスコミが、もっともらしいことを言う。

都会生活者がふえたが、かつての自然は忘れない。季節感がうすらいできたのに不安を覚える女性が、季節感の濃厚な俳句に魅力を覚える。つまり、生活の実感をとり戻すという解説で、女性俳句流行についてのコメントの中では注目されたものであった。

それはそうかもしれないが、それだけではあるまい。私は以後ずっと折にふれて考えてきたがよくわからない。それでも、新しいことにいくつか気がついた。

そのひとつ。自分の名を活字にしたい、という気持ちが俳句を作ってみようというときのかくれた動機にあったのではないか。戦後、女性は解放されたといってよいかもしれないが社会的存在としての影はうすい。一足とびに名を売りたいなどとまでは考えないが、いくらかパブリックになれないか。それには、新聞の投書もいいが、なにかシンキくさい。それに投書ではまれにしか活字にならない。

俳句結社に加われば、どんな下手でも、一句は活字になる。しかも、自分の名が出る。毎月、出る。そう思えば、じっとしていられない。そういう人が俳句入門をした。

俳句は世界一の短詩である。印刷に好都合である。組み方にもよるが、雑誌一ページに五十句くらい印刷できる。こんな真似は短歌にもできない。詩はなおさらである。俳句では、初心者でも活字にすることができる。こんなことのできる国はないだろう。

いつか、イギリスの詩人と雑談をしていて、私が「日本には詩の雑誌が千はある」と半ばでまかせに言ったところ、イギリス人は目を丸くして、とても信じられない、イギリスには二十もない、とおどろくから、次の週に会うとき、日本の文芸家年鑑をもって行って見せた。俳句、短歌、詩、合わせると千五百以上だったように記憶する。俳句結社誌がもっとも多い。それがみんな、作者名つきで作品を印刷してくれるのだから、なんとか認められたいという気持ちをもっている人に訴えないはずはない。

俳句に女性がふえたもうひとつの理由は、仲間づくりができるからである。

女性俳句がさかんになり出したころ、日曜に同僚の家を訪れると、本人が出てきて、

「家内がギンコウへ行って留守で…」

お茶も出せないと言いわけした。こちらはノンキだから、どうして、日曜に銀行なんか行くのだろうか。そんな銀行があるのか、とバカ気たことを考えていて、やっとギンコウ

は吟行のことだとわかった。吟行なら日曜にすることが多い。

昔の俳句だって吟行がなかったわけではないが、近年の吟行とは大違いである。いまは半分、ピクニックで、俳句もつくるのが吟行である。吟行のあとすぐ句をつくり、俳句会をするのが当たり前だろうが、吟行した直後に句を作ろうとするのはたいへんな間違いである。流行とはおもしろい。そういうことは考えないらしい。

そんなことはどうでもよいことで、吟行のありがたいところは仲間とたのしく時をすごすところにある。昔は、井戸端会議というたのしみがあったが、いまの近所づき合いはたのしくない。そこへいくと吟行はたいへんよろしい。

そういう楽しさが女性を俳句にひきよせてきたのであろう。男性は女性ほど吟行を喜ばないはずだが、女性に感化された男性は別である。ひとりで苦吟するのは、すこし変わっている。

そういうわけで、女性が俳句を支配するようになった。もちろん、たおやめぶりの俳句が、ますらおぶりと同じであるわけがない。俳句の心が変わる。しかし、それは形の上にははっきりとはあらわれないから、コメントは差し控える。

形の上にあらわれた変化で、もっとも顕著なのが、動詞が多くなったことである。もともと、俳句は和歌とは違って名詞中心のものである。名詞だけ、動詞なしで、りっぱな句になる。たおやめぶりはそういうそっけない措辞を好まない。もっとやわらかく、もっとあたたか味のある俳句がいい。つまり、動詞を大切にし、動詞でおもしろさを出そうとする詩法になる。多くの女性俳句作者は、自分の気持ちや感情をうまく表現しようとして、自然に動詞のつよい俳句をこしらえるようになる。

これについて動詞が多いと談話的になり、詩的性格を欠くという人もあるが、俳句がいくらか小説的になったとしても、舌足らずということを我慢すれば、すぐれた作品になることはできる。新しいものに対して、批判的であるのは批評の宿命であるが、俳句がエピソディックになったからといって悪いことはない。

ただ、どうせ、人事を詠むのなら、古川柳のもっているような辛い目がほしいように思われる。現にへたな川柳のような俳句が出かけているけれども、それをほめそやすことはない。

戦後の俳句で注目されることのもうひとつは、外国人に俳句がアピールするようになったことである。これは俳句自体とはかかわりのないことであるが、日本人にはわかりにくいところのある俳句が海を越えた向こうの異文化へ迎え入れられるということ自体、日本人の心につよく訴える。日本人としてのプライドをくすぐられる。その意味で戦後のナショナリズム否定の空気のなかで、わずかながら文化的ナショナリズムをおこしたと見てよい。

日本人にもよくわからない俳句が外国人にわかってたまるか、と言う人もないではないが、わからないからおもしろいことがある。すくなくとも、わかり切ったことより、不明瞭なところに知的関心はひかれるということを知らない人が、おどろくのであって、俳句が外国人に人気があるのも、俳句がわかりにくいからである。名詞中心をすてて動詞を多用するたおやめぶり俳句は、それだけで外国人への魅力を失わせることになりかねない。俳句よりずっとわかりにくい禅が俳句よりはるかに早く外国の知識人の興味をひいたことも考え合わせてもよいであろう。

俳句は、外国人にとって、日本人にとってよりはるかにわかりにくいのは、ことばが違うというだけではなく、詩学が違うのである。ヨーロッパの詩は線的構造で、線のひき方でおもしろさを出すのを本にしている。それに対して俳句は点の構造である。点を散りばめて思いを象徴的に表現する。線状表現は解釈が容易だが、点的描写は、点を線化、面化するのに高度の知的作業を要求する。写実より象徴の方がわかりにくいが、それだけに深いものが表現される。

短い詩では、写実なら、ごく微小なことしか表現できないが、点描、比喩の手法によれば散文的長詩の及ぶところではない高い詩的真実をあらわす、あるいは、諷することができる。

日本人は、そういう詩法を創り出したことを誇りにしてもよい。そして、日本の文芸を愛するのが、ことばのナショナリズム、文化的ナショナリズムである。それが、外国へ渡っても、外国を侵略することにはならない。喜んで迎え入れられるナショナリズムである。そういう意味で俳句は日本の文化の尖兵でありうる。

そういう期待を寄せることのできる俳句である。もうちょっと、しっかりしてほしいと思うのは無責任ではなかろう。

もちろん、すぐれた俳人、すぐれた俳句がなかったわけではないが、もっと考えなくてはならない、もっと工夫しなくてはならないところがあるような気がする。

本当にすぐれた俳句は芭蕉以来、いかにもすくない。そのいのちは短命で、ことわざにも及ばないのはどうしたことであろう。俳句趣味というものに堕してしまっているきらいがあるのかもしれない。

ことに教育が普及してから、頭でつくる俳句が多くなり、自然も人間もとらえられていないことばの技巧になっている。

ことばの遊戯としては、俳句は一般のフィクションにかなわない。生活と心境を閃光的に照らし出すには、学校教育の知識など助けにはならず、邪魔になるばかりである。学校出は、生身で生きないで、知識で身をかため、見識という眼鏡をかけて、ものを見る。人間のいのち、こころというものが捕らえられなくてもしかたがない。

私は俳句を作らないが俳句が好きである。外国に向かって誇ることのできる文化の中の白眉だと考えている。俳句を尊重している。けれども、これまでの俳句に満足しているわけではない。それは、人間、生活、人情などに背を向けているように思われる句が、昔から、あまりにも多いからである。ことに教養のある人たちのこしらえた思わせぶりぶりの俳句は目のけがれだとさえ思うことがある。

そんな中で、久保田万太郎の

湯豆腐やいのちのはての薄明り

には深い感銘を覚える。生活が生きているように思われる。俳句をつくる人がどうしてもっと久保田万太郎に学ばないのか不思議に思っている。

私がもっとも感銘するのは江戸時代の瓢水の

濱までは海女も蓑着る時雨かな

である。人間の生き方を十七音に集約するのはすぐれた芸術である。これを認めることのできないのは不明であると言ってよい。

日本人として、こういう俳句があることを誇りとしてよいと思う。

外国の思想に影響されて、フェミニズムが大きい問題になっている。日本にもすぐれた研究者がいるようだが、ものまねはいただけない。独自の思想をつくり上げてほしい。

そのきっかけのひとつはたおやめぶりの俳句ではないかと思われる。ますらおぶり俳句とケンカするのではなく、まるく融合した男女共同参画、使いたくはないが、英語を借りれば、アンドロジナス（androgynous）な文化を実現する先駆となってもらいたいように考えるのが文化的愛国者である。

いずれにしても、俳句的ということは日本的ということであり、日本のナショナリズムをもっとも強くあらわすのは俳句である、としても無責任にはなるまい。

あいまいの美学

明治以降、外国語、外国文化にふれた日本人を苦しめた問題のひとつに、日本語は論理的でないというかくれた命題があった。

外国の文章を訳してみると、わけのわからない日本語になる。うまく筋が通らない。原文はそんなことがないのだから、日本語がいけない。論理的でないからだと考えたのである。外国はすすんでいる、日本はおくれている、というコンプレックスでこり固まっている人間がそう速断するのは是非もないことであった。後進文化の悲哀である。

外国語が独立言語なら、日本語もりっぱに独立した言語である。外国語にある論理が、日本語にない、というのは、ありうることか、と反問するのが当然である。それを百年間、怠って、日本語は非論理的なり、と勝手にきめてしまってきた。さすがにはっきり断言する勇気もないから、ひそかに、思いわずらってきたのである。

すこし外国語の勉強をすれば、いやでも日本語との違いがはっきりする。イギリス人がフランス語を学ぶのに比べて、日本人が英語を学ぶのははるかに大きな壁がある。そのはげしさにおどろいて、日本人は気が弱くて日本語がいけないのだと思ってしまう。

ことばが通じるのは、論理によるのである。まるで論理のないのは、オウムのことばは別として、ことばではない。日本語は昔から人々が使ってきてさしたる不自由がなかったばかりか、和歌とか俳諧という世界に類のない文芸を発達させてきたのである。わけのわからぬ言語であったりするわけがない。

しかし、英語、ドイツ語と比べてみると、日本語はいちじるしい特性をもっているのも事実である。論理にしてもヨーロッパ語の論理とは、打って変わった論理をもっている。それで何不自由することなく千年の文化を育んできたのである。論理がない、などということがあってはならない。日本語の論理があるに違いない。ただ、ひどく異なっている。

どこがどう違うか、とくと考える必要があったのに、外国の文物を吸収するのに多忙であった近代日本はそれを試みようともしなかった。

日本語にも日本語の論理がある。ただし、それはヨーロッパ語と大きく性格を異にする。それくらいのことは、すこし外国語の勉強をすれば、大学生にだってわかることである。それを明治以降の日本の知識人は考えようともしなかった。

もっとも目につきやすい違いは、連続と非連続の差である。

ヨーロッパ語での論理は、直線のようなもの、切れ目や曲がりがあってはまずい。それに対して、日本語の論理は、点的である。つながっていない。飛躍する。一列にならんでいる点ではおもしろくない。適当に散らばっている。そういうことばの受け手は、その点を適当に結びつけて、意味、論理をとらえるようになっている。受け手に高い理解力を想定している。大人の論理である。こどもにはチンプンカンプンだが、意味がないのではない。点と点の結合は受け手の判断によるから、ことばの意味はさまざま、極端なことを言えば、受け手の数と同じくらいの解釈がありうる。受け手尊重のことばであり、受け手を信頼し、受け手に委託する論理である。絶対的論理というものは否定されていて、相手によって揺れる。

その点で日本語論理は、ソフトで融通がきき、平和的である。ヨーロッパ語でも、外交官の用いることばは、ソフトで相手を立てるところは、日本語の論理にささやかながら似ている。外交辞令などと言われるけれども、外交官のことばは一般のことばより洗練されていることは否定できないだろう。日本語はその外交官のことばよりさらに円熟、昇華していると言っても差し支えないだろう。

日本語の非論理性を日本人が恥じるのはむしろ滑稽である。外国から非難されたら、適当なアポロギアをお返ししてよい。母国語をおとしめて喜ぶのは幼稚な人間である。

論理的でないというのは、日本人が勝手に思い込んで恐縮しているようなところがあるけれども、日本人の言うことはあいまいであるという非難ははっきり指摘されるのである。ここでも、日本人はすみません、と恐縮して、いることが多い。

アメリカ人が言う。日本人のイエス、ノーがあいまいだ、なにを考えているか、わからない。

話し合いをする。はじめにイエスと言っておきながら、だんだん、はっきりしなくなり、終わりはノーになってしまう。なんたる非論理か、などと言ってバカにする。イエスなら終わりまでイエスでなくてはこまる。日本人は何を考えているのかわからない、そう言ってきめつける。

日本人がはじめにイエスと言っても、本当に承知しているのではない。あいさつ、なのである。せっかくもちかけてくれた話である。ノッケからダメときめつけるのはいかにも気の毒だ。本音ではない社交的配慮で、一応肯定したようなことを言う。本音でないことは、日本人同士ならわかるのだが、外国人が相手では通じないのである。相手へのいたわりが先に立って本当のことをひかえる気持ちが生じて、心にもないイエスになる。相手を立てようとして、あえて、あいまいなことを言うのである。

日本語があいまいなことばを発達させたのは相手をものわかった〝通人〟と見立てているからである。はっきり言い切ってしまっては、相手の出る幕がなくなる。ボカしたことばだと、受け手は自分の解釈をもち出して意味づけをすることができる。相手を信用しなければあいまいなことばは使えない。こどもに向かって、含みの多いあいまいなことばを使うことはよくない。白は白、黒は黒でなくてはならない。灰色を示して、白と見るか、黒ととるかを相手に委ねるには相手への信頼が必要である。明断なことばは意味がはっきり限定されるが、相手を拘束することになる。あいまいなことばは受け手によって意味が変わりうる。それだけ受け手の判断に委ねられる余地が大きいということである。受け手にとっては味わいのふかいことになる。

俳句は、あいまいの美学によって成立していると言ってよいが、客観的な意味を決定するのはほとんど不可能である。作者の考える意味ですら絶対的とは言えない。いかに楽天的な出題者でも、俳句の意味を問う入学試験問題を作ろうとはしないだろう。採点のしようがない。

あいまいなことばはソフト、柔軟な意味をもっていて、受け手の都合に合わせ意味が変わりうる。あいまいなことばではケンカできないが、うまく折り合いのつかない問題などは、あいまいなことばで決着することができる。

労働争議などで、労使とも、それぞれの主張をごり押ししている間は、解決のいと口も見えないが、双方が歩みよって、双方の都合に合わせて解釈できる、玉虫色の合意によって解決することがすくなくない。どちらも、勝った、と胸を張ることができる。玉虫色解決は、あえて明晰な論理をさけて、争いを収束する知恵である。論理が攻撃的であるとすれば、あいまいは、親和的である。

ヨーロッパでは、ギリシャの昔から、あいまいは目の仇にされてきた。ギリシャ人は明晰さを尊重し、あいまいを悪魔的と考えた。ギリシャを文化の源泉と考える近代のヨーロッパにおいて、あいまいさが嫌われるのは当然である。

文学においても一貫して、あいまいを避けてきた。それに風穴をあけたのが、二十世紀初頭のイギリス人である。ウィリアム・エンプソンは、『あいまいさの七つの型』(一九三〇)を出した。西欧ではじめてのあいまいの美学である。シェイクスピアの詩句の美しさがその多義性によることを見つけたのがきっかけであったらしい。それとは別に、エンプソンの先生、I・A・リチャーズがことばの多義性に着目した意味論を発表していてエンプソンはその影響を受けていたと想像される。文学的表現の美は、多く、あいまいなイメージによるというのは、西欧社会にとっては衝撃的なことである。

古い考えにこだわるフランスなどはエンプソンにつよい抵抗を示した。エンプソンはいまもって、ひろく世界的承認を得ているとは言えないかもしれない。

さすがに日本は別で、はじめからつよい共感をもってエンプソンのあいまいの美学が迎えられ、多くのファンができた。それと直接の関係があるわけではないが、エンプソンは『あいまいさの七つの型』を出すとすぐ日本の大学へ教師としてやってきて、少数だがすぐれた研究者を育てた。

日本はあいまいの美学の先進国であるけれども、依然として、あいまい性をどこか恥じる西欧的感性を身につけていて、あいまいの美学もさしたる進展を見せていない。

あいまいの美学は、受け手、相手尊重を基盤にしている。相手を重んじるならば、わかり切ったことを表現することは礼を失することになる。あえて、ボカして、相手の見方に委ねる。まさか、変なことにはなるまい、という信頼が前提である。わけ知りの人のことばのおもしろさは、あいまいさから生まれる。そういう社会的合意がなくては、あいまいなことばは栄えない。かつて、わが国は、「ことだまのさきはふ国」といわれたが、そういう成熟した言語感覚がないと、あいまいさの美しさは生まれない。

さきにも言ったように西欧諸国でも、外交官は、一般の人間より言語的に洗練されているから、あからさまな明晰なことばを避けて、婉曲な表現を発達させている。

日本は一般の人間が、そういうソフィスティケイション（洗練）に達していると言ってよい。

あいまい性は親和、友好的性格をもっている。多文化融合を前提としているように考えられる。

日本人にもはっきりした意味をとらえることの難しい俳句が、世界的になろうとしているのは、きわめて暗示的である。われわれは、あいまいなことばを恥じるに及ばないのである。

古典

あるとき偶然、高等学校用検定国語教科書を何種類も通覧したことがある。国語を教えたことのない人間だから、教材のよしあしなどわかるはずはないが、大体において、文学的色彩がつよいように感じられる。それでも戦後、しばらくまでに比べれば、ずいぶん、散文、論説文めいたものがふえている。

ひところの小学校の国語は低い意味で文学的で、つくり話ばかりの教材であった。非文学的教材を、という主張は清新であったが、教材にできるような良質の散文がない。しかたがないから、新聞記事のようなものが教科書に入った。そういうのに比べたら、やはり文学的教材の方がましである。

さきにのべたように、高校の国語教科書を見て感心したのは、どの教科書も芥川龍之介「羅生門」を目玉のようにしていることである。どうしてこんなことになるのかシロウトにはわからない。

あとで教科書編集の人の話をきいた。その人は、「羅生門」は必須教材で、なくては教科書と認められない。「教科書古典って言うのでしょうか」という話だった。

これは私の偏見であるが、私は芥川の「羅生門」はさほどおもしろくない。芥川にはもっとおもしろい作品があるのに、どうしてこの作品をもち上げるのか、国語教育で苦労している人たちの考えがきいてみたいと思ったことである。

「教科書古典」ということばがおもしろかった。近代日本には、本当の意味での古典があるのか、どうか。そもそも、古典とは何か。古典は作者の手によって生まれるのか、といった疑問がわいてきて困った。

それ以前に、稲垣足穂という詩人が、自作詩集の宣伝文に、「千年後も読まれる」詩ということをうたっているのを見て、つよく反発した。この詩人の作品を見たこともなければ、人も知らないが、こんなことを、シラフで言うほどの間抜けでは、どうせ、ロクな作品ではあるまいと軽べつした。もちろんこれは冗談のつもりであろう。まともにとり上げる方がおかしいかもしれないが、冗談にしても、もうすこしまともであってほしい。

教科書古典も、作者、筆者がこしらえるのではなく、後の時代の受容者によってつくられるところは、いわゆる古典と異なるところがない。芥川が生き返って、「羅生門」が古典になっているのを知ったら、何というか興味がある。

高校の国語は古典と現代文を区別しているようだが、これだと、現代文には古典がないことを表明しているように受け取られる。そして、それは案外、正しい見方であるかもしれない。

明治以後の文学作品で古典となったものはきわめてすくない。文学に限らず、一般の著作でも古典となっているのはきわめてすくない。近代日本の最高の英知をもった人たちは、法学を修めたが、法曹人の書いたもので古典となっているものがきわめて少ない。思想家にしても古典になった思想を創った人はほとんどない。文学作品も同じで、ひとときは流行しても、二十年すれば消えるのである。するとまた新しい作品があらわれる。

手本が外国にあるのが、古典の生まれにくい理由であるかもしれない。さらに言えば国語を本当に大事にする心が欠けている人間では、時代を越える生命をもつ、文章、思想、知性を生み出すことはできないのではあるまいか。さらに、国語を愛する人たちがしっかりしていなければ、作品を古典に昇化させられないのではないかという反省を誘うのである。いつも、心の目を外に向けていて足許は留守というような社会では、典型ということを考えられない。

明治以降の日本人、知識人は、充分、国語を愛していなかったのではないか。外国語の方がすぐれている。外国文学の方が進んでいる。外国思想は、伝統的なものの考え方よりもすぐれている。だれからも命じられたわけでもないのに、そう思い込んだ。ものまねがうまいのを才能と錯覚し、自他ともに、才能をつぶす。伝統は古臭い、外来は清新であると頭からきめてかかるのは幼い知性である。

そういう知性からは、たくましい作品、思想は生まれにくい。切り花のように命は短く消える。それがまた春を迎えて、花を開くなどということは理屈からしてもあり得ないだろう。

明治以降の文化は外国の花の切り花文化であった。短命である。古典ができにくい。国語の教科書が、教科書古典をつくらなくてはならないわけである。

外国語、外国文化を学ぶと、知識は新しくなるが、切り花のように知識は古くなる。消えたらもうよみがえらない。母国語は、知識のたしにはならなくとも、心の根を育てる。いったんは枯れたように見えても、また芽生えるエネルギーがある。古典はそのエネルギーによって生まれるものである。根のないところ古典なし。明治以降の近代日本に古典が生まれにくかったのは偶然ではない。

だいたい、日本人は、古典というものをよく知らない。歴史的に古くから伝承されてきたものを漠然と古典だと考えている。なぜ、古典と〝古〟の文字がつくのか、文学史を教えている人でもはっきりした認識をもっていないのが実情である。歴史をわけもなく信用し、それを進めたり曲げて解釈することを研究だと錯覚する。

いかなる人でも作者が自らの作品を古典にすることはできない。こういう命題を考えたことがなくてことばの勉強をしている人は無知と選ぶところがない。

「源氏物語」の作者は紫式部であるが、世界的古典にしたのは紫式部ではもちろんない。過去の国学者たちでもない。アーサー・ウェーリーの *Tales of Genji* である。もちろん、英訳「源氏」は原作とは似てもつかないほど違っているが、そうでなければ、世界の古典にはなることができない。もののわからぬ国文学者が、アーサー・ウェーリーの英訳は「源氏物語」を冒涜するものだと非難したのは、要するに古典というものがわかっていなかったからである。原作のままで古典になることはきわめて困難である。ことに古い時代では、原作のままの姿で古典になったものは古来、ないと言ってよい。

日本文学の歴史は伝統墨守、父子相伝などの考え方で、自然の作品の生命ということから目をそむけてきた。古典ということば自体、日本の文学、文化にはしっくりしないところがある。古典化がはっきりしている例をイギリスの文学史によって見ると、おもしろい。

イギリス最古の詩は「ベイオウルフ」である、となっている。確証がなくて推定であるが、七世紀ごろに生まれたとされている。いま残っている最古の写稿本は十一世紀のものので、四百年近い間、空白である。新しい稿本がなかったわけではなく、なんらかの事情で廃棄、消滅したものと想像される。

（同じようなことが、日本の古い文学にもおこっている。平安朝の文学作品はもとのままの姿で残っているものは皆無である。残存最古の写本は鎌倉期のものである。その間、どうして稿本、写本が残らなかったのか。その説明として、京都の大火をあげ、それで、古稿本がことごとく焼滅したという大火消滅説なるものをでっち上げた人がいて、それが、まかり通っている。再検討の必要がありはしないか。「ベイオウルフ」の例はひとつのヒントにはなる。）

「ベイオウルフ」はその空白の四百年の内に大化けに化けたのである。七世紀ごろのイギリスはまだキリスト教が広まっていない異教国であった。作品にあらわれる神も当然、異神でなくてはならない。

ところが、現存最古、大英博物館蔵の稿本に見られる神はすべて、キリストの神となっている。いつかわからない、だれかわからないが、土俗の神をキリスト神に差し変えたものがあるはず。原本、それに近いテクストは消滅し、改修されたのが後世にのこることになり、古典となった。「ベイオウルフ」は七世紀に生まれたとしても、古典となったのは十一世紀である。両者がどれくらい違うか。だれもそれを知るものはない。古典は、後世

〝つくられる〟ものである。原作がそのままの形、意味で、古典になることはありえない。それを認めないと古典は存在しない。残念ながら、現代の文学研究はその認識を欠いているのである。

もうひとつ例をあげる。

やはりイギリス文学だが、十八世紀に、ジョナサン・スウィフトが「ガリヴァー旅行記」を出した。

そのころ、イギリスの政界は堕落、混乱を極めていた。スウィフトはそれを弾劾する諷刺を書いた。リアルに描けば官憲の禁忌にふれるおそれがあるから、架空の物語を仕立てた。同時代の人には、それが諷刺であるとはっきりわかって、おもしろかった。ところが百年もすると、モデルがはっきりしなくなって諷刺としての味は失われた。たいていならここで作品は消滅するところである。元来、諷刺は古典になることが難しいジャンルなのである。

ところが、この「ガリヴァー」は、違った。これを、諷刺ではなく、写実的物語として読む読者があらわれたのである。そう見れば「ガリヴァー」は児童文学として秀逸であるということがわかり、こどもの本となった。生まじめなスウィフトのこと、これを知ったら、冗談もいい加減にしてほしい、と怒ったかもしれないが、古典は、そんなことは問題にしない。

つまり、古典は、作者の手を離れたところで生まれるのである。作者だけでは古典にならない、あとの時代の受容者、読者による異本の中から生まれるのである。

明治以降の近代日本には、テクスト尊重の思想、文献学的文学観にしばられて、原文尊重、作者の意図を墨守する理想主義にとらわれて異本を容認しない原則を守った。当然、古典化作用も微弱で、威力のある受容者もごく限られていた。文学はおもしろいけれども、文学の受容、研究はさっぱりおもしろくないということになった。これでは、古典というものが生まれにくい。

作者の手もとで古典になった作品は、古来、存在しない。出てまもない作品もいけない。十年ひと昔というが、それでも足りない。三十年くらいすると受容の世代が入れ替わる。新しい受容者たちは原作の意味をそのまま受け容れることができない。誠意ある新解が必要になり、それによって、古典化するのである。この誤読に耐えられないようなものは、はじめどんな人気の高い評判作でも、湮滅する。印刷された作品は、湮滅が難しいが、文学作品であることをやめて、文書になる。

国語、いまの日本語は、古典化作用を失っているのではないかと思われる。外国語や外国文化に気をとられてキョロキョロしていたからで、やまとことばやまと心を忘れては古典は生まれにくいだろう。唐心は不毛でないにしても、古典はつくる力が小さい。

外国にひかれ、外ばかり眺めている近代が不毛であったのはむしろ当然である。ひとときは外国に心をうばわれても、やがて東洋回帰した人たちによって、古典のもとがつくられた。

芥川の「羅生門」は、そういう意味で、古典になっているのかどうか。古典を考えている人間には一抹の疑問としてとくに考えてみるべき問題である。

散文

今川乱魚氏は亡くなる前、川柳協会の会長であった。ただの会長ではなく、川柳を文芸として認めさせたいという悲願をいだいていた。願っているだけでなく実際に努力をした人である。

あるとき、私は乱魚さんから会いたいと言われた。会ってみると、国語の検定教科書に川柳を教材として入れることはできないだろうか。入れるにはどうしたらいいか、相談に乗ってくれないか、というのである。

私は学生のとき、H・R・ブライスさんから川柳の価値を教えられて以来、川柳という様式のファンになっていた。ブライスさんは、川柳は、すぐれて知的で、しかも人間に対する洞察も鋭く深い。外国人から見ると、俳句より川柳の方がおもしろい、と言われたのを忘れたことがない。

そんなことを私は何度か書いたことがあって、それが乱魚さんの目にとまったのであろう。浮世ばなれしたことばかり考えている人間に、どうしたら教科書に入れられるかというようなことに関して才覚などあるわけがない。教材の選択には、出版社の編集部の考えがつよく働いているようだから、国語教科書の編集実務を担当している人たちの考えを変えてもらうのが近道だと言った。乱魚さんがどうされたかはわからない。川柳の教材化は実現しなかったようである。

その後しばらくして、また乱魚さんが会いたいと言われた。こんどは、川柳作家を日本文芸家協会の会員にしたいという話をもってこられた。

そんなこと簡単でしょう、文芸家でない会員がいくらでもあるじゃありませんか、と言うと、柳人を会員にすることに俳人が反対しているということだった。きいていていやな気持ちになった。

しかし、この方はうまく行ったようで、何人かの川柳作家が会員になった。川柳の人がどうしてそういう世俗的なことに関心をもつのかすこし不思議な気がしたが、あとで考えなおしてみると、川柳のよさはそういう俗事をバカにしないところであるのだろうと思いなおすようになった。

日本人の文学観は伝統的に、詩歌は散文より高尚であるとしてきた。詩人は、雑文を認めない。だから、歌人、俳人でまっとうな文章の書ける人がきわめてすくない。韻文を書くのは、たいした思考がなくても一応の作品にはなるが、散文ですぐれたものを書くとなると、小さいながらも発見が必要である。文学、詩歌至上主義は素朴な文化における様式である。

どこの国でも、文学史は、韻文で始まるのが普通である。散文が確立するのは、ずっと後になってからである。この点で、日本の文学史はユニークで、きわめて早い段階で散文が、しかも、高度の散文があらわれたのである。平安朝にすぐれた散文が書かれたことは、その筆者が女性であったことと合わせて、日本文学の誇りとしてよいことだろう。

ことに「枕草子」が注目される。世界のどこの国を見ても、こんな早い時期に、エッセイの書かれたところはない。しかも、女性の仕事である。物語の方が随筆よりも高級であるとするのもやはり伝統的偏見である。すぐれたエッセイは、社会が文化的成熟の段階に達しないと、生まれない。文学としての「日記」があらわれたのもおどろきで、ヨーロッパなどは、何百年もたたないと、日記が文学にならない。

それはそうとして、国文学は、和歌から始まると言ってよい。ずっと下って、俳諧、俳句があらわれた。そのあと、川柳が出現する。和歌、俳諧に比べて川柳は、社会的で散文性がつよい。主情的な文芸が主流である国文学において、はじめて、知的なおもしろさを目指して、通俗、清新であった。

明治維新は文芸的伝統をひっくりかえしたから、和歌も俳句も当然死んだとしてよい。国文学はそこでいったん消滅したとしてもよい。

和歌、俳諧を救ったのは正岡子規の天才によるところが大きいと言ってよい。ヨーロッパ文学をモデルに短歌、俳句を創出した。そのとき、川柳には子規の目はとどかなかった。川柳は亡びて、わずかに古川柳が少々残るだけになった。すこし惜しい気がするのはセンチメンタリズムではない。

川柳とともに忘れられた様式にことわざがある。ことわざも近代化されなかったため口誦、俗語として、庶民の間に細々と命脈をつないできた。日本文化の思想がどこかバター臭く、現実感から遊離しているように思われるのも、ことわざを見捨てた近代主義と根を一にしている。

学校では、ことわざを教えない。ことわざはむしろよくないものと考えるのが知的であると考える。学校教育は、これは日本だけのことではなく、どこの国もそうらしいが、ことわざと仲がわるく、ことわざを排除しようとする。川柳だけではない。川柳は学校で教えてくれと考えるさきの乱魚さんのような人がいるけれども、ことわざを教材にしようという人はいないのである。

韻文に近い形で通俗の知識、知恵をあらわそうとしている点で、川柳とことわざは近い関係にある。ことわざになった川柳もいくつもある。

私は戦前の小学校で学んだ。今はすっかり変わっているに違いないが、文章についての教育はそれほど進歩しているとは思えない。

われわれ昔の小学生は、文章の書き方は教わらなかった。「書き方」の時間はあったが、文章を書くのではなく、毛筆で文字を書く習字だった。文章を書くのは綴り方といわれたが、そのための授業時間はなく、読み方の時間の終わりに、綴り方の宿題が出る。それも一学期に一度か二度、先生も力を入れていなかったのだろう。添削してくれることはまれで、おそらく読まないであろう。閲の字をマルでかこんだゴム印をおしたものが返ってくる。こども心にも、綴り方はおしるしだけのものだということがわかった。真剣に文章を書くこどもはほとんどなかったと思われる。

旧制の中学校の国語も同じことで、作文の教育を受けなかった。先生にとって作文を読むのはたいへん苦労である。読んでいる時間がないのであろう。（これはアメリカの話だが、こどもに作文を書かせて、それを読むのがたいへんだと思っていた教師が俳句もどきの三行詩なら、見るのに手間がかからない、というので宿題にし、それがきっかけでハイク・ポエムが流行するようになった、のだという笑い話がある。）

私は中学四年、五年ですぐれた国語の先生にめぐまれた。あるとき提出した作文に短評がついていて〝自分を見つめる目をもっているのが、すばらしい〟とあった。どれほどこのことばにはげまされたか知れない。

しかし、文章を書くコツのようなものは教わることがなかった。英文科へ進もうと思っていて、日本語の文章の大切さはともすれば見失いがちであった。

学校を出て数年、月刊雑誌の編集をさせられることになった。ひとりですべてこなすワンマン編集だった。

いちばん困ったのは、文章が書けないことだった。誌面のあちらこちらに、アキができる。その埋草を書くのは編集の大事な仕事である。

二百字から四百字くらいの短い文章である。こんなものと思って書いてみるが、文章にならない。何度も書きなおして印刷へまわす。組み上がってきた文章を見ると、目をおおいたくなるような文字の行列。赤字でまっ赤になったゲラを印刷へ戻す。戻ってきた再校もまだまとまっていない。また赤字を入れる。そんなことをくりかえしていて、印刷の人からこっぴどく叱られた。情けない。どうしてもっと文章を書く勉強をしておかなかったのかとうらめしかった。ものを書くのがこわくなり、考えたことがあっても、なかなか書けなかった。

それまでにいちばん感心した文章は寺田寅彦のエッセイであるから、それを読み返し、ついでにほかのエッセイも読んだ。そして、内田百閒の文章に出会った。百閒の文章は外国語経由の日本語であることも、同じように外国語で苦労したものに訴えるところが大きかった。勝手に近代日本語散文の模範であるとした。

戦後の国語教育で、散文に力を入れた人はわずかだったが、模範文体を見つけるのに苦労したようである。結局、新聞の文章を手本にすることになった。一般記事はやや特殊であるから、朝刊第一頁下にある「天声人語」「余録」「編集手帳」などがテクストのようになった。

他方では、生活綴方の伝統をふまえた学校外の作文教育も見るべき成果をあげた。

不思議なことがある。

国語の教育に熱心な先生は、まわりから尊敬され、ときに有名になるけれども、その先生に習ったために、国語が好きになり、やがて国語の先生になるという生徒がすくないのである。生徒は国語に食傷するのであろうか。あまりうまく教えられると、自分でもしてみたいという気持ちを失ってしまうのであろうか。

文章教育で勉強する人も、かならずしも文章が好きでなくなることがすくなくない。やはりことばは自学自習、体得すべきもので、うまく教えられても、いい結果が出るとは限らないようである。

そう考えると、学校の国語の教科書がどういう文章をとり入れるかがきわめて大きな意味をもっている。韻文、物語、名文を中心に編集するのではなく、生徒の一生の散文、文体の基礎になる文章を厳選してほしい。

それを考えると、芥川の「羅生門」も、案外いい教材かもしれない、と思われてくるのである。散文を書くのは、短歌、俳句、詩をつくるより難しいということを教えてくれるのである。

ことばの調子

あるとき、やんごとなき方の〝おことば〟をきいたあるイギリス人が、「なにを言っているのか意味はわからないが、ことばにリズムがない、活気がないという感じを受けた…」という感想をのべた。

そう言われれば、日本のことばは、音の強弱ということにあまりこだわらない。ノッペラ棒なことばを使っている。

英語で大時計はティック・タックで時を刻むのに、日本の柱時計はカチ・カチという音を立てて時を刻む。

イヌは、イギリスではバウ・ワウとなくが、日本のイヌはワン・ワンである。鐘の音は英語では、ディング・ドンクだが、日本の鐘はゴーン・ゴーンである。

イギリスと日本で、イヌがちがったなき方をしているわけではなく、きく人間の耳が、違った音として受け取っているのである。

日本語は平板的であるのに対して、英語の擬音は、強弱をもっている。強弱音によって、リズムが生まれる。同音ではリズムが出にくい。かわって調子が生まれる。

ヨーロッパの詩歌は、リズムをもっているのが普通で、とくに定型詩はリズムのはっきりしたパターンをもっている。

昔のローマなどでは、母音の長、短によってリズムを出した。イギリスの英語では、母音の長短でリズムを出すことが難しかったのだろう。十四世紀の詩人チョーサーは、英語に適したリズムを創出しなければならなかった。そしてアイアンビックという詩型を発明した。弱を∪、強を／とすると、アイアンビックは

∪／∪／∪／∪／∪／（弱強弱強弱強弱強弱強）

のようになる。チョーサーから二百年後のシェイクスピアはこのリズムで戯曲を書いた。たとえば、

To be or not to be that is the question（*Hamlet*）

である。このほかに、強弱、強弱のリズム、弱強強のリズム、強弱弱のリズムなどが一般的である。中ではアイアンビックがもっとも多く、一般に好まれ、親しまれたリズムである。

現代においても、スピーチをしているときすこし調子が出てくると、自然にこの弱強格のアイアンビックのリズムになっていると言われる。

そういうことばになれている耳からすると、日本語の音声がいかにも平板、単調にきこえるのは是非もない。だからといって、日本語が恐縮する必要はすこしもない。いくら考えても、日本語で弱強リズムの詩を書くことはできない。日本語をアイアンビック調でう

まく使いこなすことは、いくら才能のある人にも、まずできないだろう。

日本の詩型は、七五調、五七調である。どちらも、ことばの強弱によっているのではなく、シラブル（モーラ）の多・少によっている。五音、七音というが、音ではなく字数である。七五調、五七調はリズムではない。

俳句の初心者が指を折り、五音と七音を数えているのは、俳句の性格をあらわすといってよい。漢字を用いるから、字数（モーラ）がはっきりしない。

古池や蛙とびこむ水の音

は文字で書くと、五七五であることがはっきりしない。声にしてみてはじめて、五七調であることがわかるが、それはリズムでなくて調子である。実際に、七五調、五七調といっているが、〝調〟はリズムではなく、調子であり語呂である。日本の詩歌は古来、リズムをもたなかった。そのかわり、語呂、調子がある。

日本語はリズムに弱いが、調子、語呂を大切にする。はっきりしたことはわからないが、中国から漢字をとり入れるに当たって音をうまく移すことができなかった。それで、漢詩のようなものをこしらえるに当たって、音韻を無視しなければならず、文字数、五言絶句、七言絶句のように、文字数の多少によって調子、しらべを出すことを発明したのであろう。その苦心、工夫はたいへんなものであったと思われる。

そのおかげで、世界に比を見ない、短詩型文学を発達させることができた。七五調、五七調は自然に生まれたのではなく、その始めは発明であったことをいまの人間は思いみる必要があるだろう。

それにしても、七五調、五七調しかないのはいかにも淋しい。もっと多様な調子、語呂はないのかと考える日本人もあるようだが、それは、考えが足りない知識人の誤解であると言ってよい。

日本語の語呂、調子は多様である。七五調、五七調は、そのごく一部なのである。日本語の調子は、たとえば、ことわざを見ると、たいへん、豊かであることがわかる。ことわざのアンソロジーといってよい〝いろはかるた〟はおもしろいことを教えてくれる。（明治以来、学校教育がことわざをバカにし、いっさい教えなかったから、いろはかるたも細々と家庭で伝わってきた。それも戦後の伝統軽視の中で、ほぼ、いのちを失ってしまった。いろはかるたには、江戸系、京系、大阪系と三通りあるのも注目すべきだが、もちろん、いまどき、そんなことに興味をもつものは少ない。いろはかるたは、かつての日本ナショナリズムをあらわしている)

いろはかるたのはじめは、

(い) 犬も歩けば棒にあたる (江) 七—六
一をきいて十を知る (大) 六—五
一寸さきは闇 (京) 七—二
(ろ) 論より証拠 (江) 四—三
六十の三つ子 (大) 五—三
論語よみの論語しらず (京) 六—六
(は) 花より団子 (江) (大) 四—三
針の穴から天じょうのぞく (京) 七—七
(に) 憎まれっ子世にはばかる (江) 五—六

二階から目薬（京）　五―四

憎まれっ子神直し（大）　五―五

これだけ見ても、いろはかるたの調子、語呂の多様であることがわかるが、

ヌカにクギ（大）　三―二

鬼も十八（大）　三―四

負けるが勝ち（大）　四―二

馬の耳に念仏（京）　六―四

無理が通れば道理ひっこむ（江）　七―七

のどもとすぎれば熱さ忘れる（京）　八―七

といった調子で多彩である。二から八までのほとんどの句がとりあげられていると言ってよいほどで、日本語の調子が多彩であることをまざまざと示している。

七五調とか五七調といって、日本語の調子は五音と七音の組み合わせしかないように考えるのは誤りである。ことわざ、いろはかるたを見れば、何音であっても、まん中に、句切れ（ポーズ）があれば、調子が出るのである。調子を出すのは、語数ではなく、切れ目であることを、ことわざは教えている。

そう考えると、俳句の切れ字がたいへん大きなはたらきをしていることがわかる。切れ字だけでなく、五音、七音の区切りによって調子が出る。日本の詩学のポイントは、沈黙の空白にあるといってよいほどである。

日本語は、音の強弱によってリズムをつくるのではなく、むしろ沈黙、区切りによって調子をつけるところに特色がある。

もともと、日本語は、室内語をよしとした。大声で叫んだりするのははしたない。部屋の中で静かに語り合うことばが、美しくやさしいという感覚が普通であった。

主として戸外で使われることばは、たとえばドイツ語のように、子音がつよく、叫ぶのには適しているが、もの静かに話すのを建前とする日本語では、つよい子音をきらい、豊かな母音が中心になる。母音の多いことばの方が子音のつよいことばより〝美しい〟と感じられるから、日本語はイタリア語よりも美しいということができる。ヨーロッパは、北へ行くほど戸外のことばの性格がつよくなるが、イタリア語はラテン語以来、室内語の性格がつよく、その分、母音が大きなはたらきをしている。

母音の豊かさから言えば、日本語はイタリア語に勝るとも劣らぬであろう。日本語はたいへん美しいことばであるとしてよい。リズムはないが美しい音、おもしろい調子、語呂において、ユニークなよさをもっているといってよい。

ただ、室内語として美しいのであるから、戸外で演説したりするにはもの足りないところがある。

かつて、大学紛争が各地でおこったとき闘士がこまったのは案外、ことばだったのかもしれない。ことわざや俳句、短歌のことばではマイクで叫ぶのに不具合である。そして、新しい調子を発明した。

ワレワレハー、テイコクシュギテキノー、ダイガクヲーフンサイシテーと区切れの母音も尻上がりにした、独特の口調で叫んだのである。その口調に心から共鳴する人は、若ものの間でもあまりなかったのではないかと思われるが、新しい調子であることはたしかで、まねる人がすくなくなかった。

いまは、かなりの年輩の人たちも、

……したので、……だから、……でーす

といったしゃべり方をする。戸外語としての日本語のスタイルであるとしてよい。

もうひとつ近年になってはっきりしてきたことがある。もともと日本人は、四音、四文字のことばが好きらしいということである。

五音、七音が好まれるのも、四音プラス一音、二重四音（八音）マイナス一音だからである。五音、七音中心でなく、四音が中心である。

それがはっきりするのは、カタカナ外来語である。パーソナル・コンピューターなど、長くて実用にならない。パソコンとすれば落ち着く。コンビニエンス・ストアもお話にならないから、コンビニとする。セクシャル・ハラスメントはセクハラで片付ける。首切りはおだやかでないが、リストラといえば角がとれる。

仮名だけでなく漢音も四字だと受け入れやすい。文武両道、一心不乱、誠心誠意、不撓不屈、などなど。漢字を四字重ねれば、かなり無理なことでも、かっこうがつく。政治家が好んで使うわけである。

政治家といえば、デモクラシーの世の中で力をつけるには、調子のよいことばを使う能力、うまい演説をする能力がきわめて貴重である。弁護士などもそうだが、調子のいい日本語を話すようになれば、得るところは小さくない。

日本語を愛する政治家が出てこなくては、本当のナショナリズムとは言われないだろう。国を思うなら、国語を大切にする。それが文化的ナショナリズムである。

英語の授業

ことばはなるべく早いうちに覚えなくてはならない。

生まれてまずすることは乳をのむこと。そして、わけはわからないまま、ことばを学び始める。聖書に「はじめにことばありき」とあるのは至言である。

ところが、そのはじめのことばを教える大人、多くは親だが、ことばの教育をしているのだという自覚がない。もちろん、教え方など考えたこともない。かつては、どの家庭にも年寄りがいて、教えてくれることがあった。このごろは、核家族が普通だから、まったく無援である。それでも、生まれきた子は何とかことばを身につける。

教えてもらわないことを自習自得するのである。天才的能力というほかない。すこしでも、教える大人たちに、母国語教授の心得があれば天才的人間が雲のようにあらわれるであろう。そうでないのは、人類の不幸である。

小学校へ入っても、ことばの教育は、不充分であるし、方法的にも誤っている。話し方もきき方もロクにしつけられていない児童に、文字を教えるのである。話し方、きき方を教える小学校は明治以来、ひとつもなかった。重大な欠陥で、そのために、日本人はどれくらい頭を悪くしてきたか、はかり知れないほどである。外国もほぼ同じらしいから気が楽である、などと言ってはいられないだろう。

戦争にまけて、アメリカから、教育視察団がやってきた。日本の学校教育を検討、是正を指導した。いくら戦争に破れたからといって、教育について叱正されるというのはいかにも情けないことである。まっとうな人間なら口惜しいと思うところである。ところがそんな人はいなかったようである。

アメリカの教育視察団はいくつかの提言を行った。

ことばの教育については、読み書き偏重を改め、話す、聴く、読む、書くの四技能を併行してのばすように、と指示した。まことにもっともな考えで、日本人は恥入らなくてはならなかったはずである。ところが、日本の学校はそれを黙殺したのである。それから七十年近くなるのに、日本の国語教育はすこしも変わらず、目のことばばかりつづいている。

漢字というものを用いているから、読み書き中心になるのは是非もないところもあるが、本当にことばを大切にする心があれば、昔からもっと妥当なことばの教育が行なわれていたはずである。あまりにも日常的になってしまい、はっきりことばを自覚することがすくなかったのか。本当にことばを愛する心が足りなかったためであろう。自慢にならないことである。

小学校の高学年に英語を教えるようになった。どうして、そんなことになったのか、知る人もなく、小学校の英語の授業は始まったのである。

たいへんなことであるのに、そう思う人がすくないせいか、さほどの批判もおこっていない。かわいそうなのは、わけもわからずそういう教育を受けることになったこどもたちである。とても黙って見ていられることではないと考える人がすくないから、愚かな多数の考えで迷走をはじめたのである。

私は、中学校の英語教師として人生をはじめた。そして、外国語の効用もさることながら、その害もすくなくないことを痛感した。私は熱心に教えたつもりだったが、英語ぎらいの人間をすくなからず出してしまったことをつらい気持ちで反芻している。

その中学は大学の附属中学校だった。クラスの三分の二くらいの生徒が附属小学校から入学するのだが、かれらは、小学校で、実験的に英語の教育を受けている。新しく外部小学校から入学するものは英語を知らない。こういう生徒を同じクラスで教えるのだから、うまく行かなくて当たり前だろう。いまはそう考えるが、当時は、ただ困った困ったと思うばかりだった。

附属小学校で英語を教えたのは、りっぱな人である。かなりの学力をつけたようだ。ところが、中学へ入ってきて、初習の生徒といっしょに授業を受けると、そんなこと、わかっている、と授業をないがしろにする。他方、新習組は、そういう既習組に早く追いつこうと真剣になる。カメが兎に追いつき追い越すのに半年もかからない。カメは英語好きになるが、ウサギ組は自信を失い、英語がきらいになる。例外的でなくそういうことがおこり、父母の間から、小学校の英語はやめてほしいという声が上がって、小学校はそれを容れ、〝実験授業〟をやめにした。

そんな経験もあって、私は小学校の英語授業に反対である。

そこへもってきて、小学校の英語が始まった。とんでもないことだと考えたが、世論はむしろ賛成である。つくづく個人の非力をかみしめる。なにも知らないこどもが可愛そうであるが、手をこまねいているよりしかたがない。

授業するには、まず、先生がなくては話にならない。現状では、小学校に英語科教員の免許をもっている人はいない。

中学から英語の先生を借りてくるところが少なくないようだが、中学生を教えるのと小学生を教えるのは違う。中学の先生の方がえらいから小学校の先生もつとまる、などというのは素人としてもおかしい。小学生を教える方が、中学より難しいかもしれない。

とにかく先生がいないのに授業を始めるというのは教育以前の暴挙である。一人前の先生を養成したくても、その専門家もいない。これから小学校英語を教える人たちを養成するという話もきこえてこない。間に合わせの先生でこれからもやっていくつもりなのであろうか。

文部省（当時）はさすがに、当初、小学校の英語に消極的、慎重であったらしい。それをゴリ押ししたのが世論という暴力だった。デモクラシーの社会では、多数決がものを言う。俗論が多数を動かし、自分の選挙のことしか考えない政治家を走らせる。良識という良貨は、世論という悪貨に駆逐されるのである。

小学五年、六年と、二年も質の低い英語授業を受ければ、英語ぎらいになるのが順当である。英語好きになったらそれこそ異常だろう。

私は、もうそんな心配をしなくていい、年寄りである。黙っていなくてはいけないことは自分でもよくわかっているが、それでも言わずにはいられない。


さきごろ、新聞に、「小学3年から英語」という記事を見つけて、たいへん、おどろいた。まったく正気の沙汰とは思われない。

世の中ひろい。そう考えない人がすくなくないらしい。現に友人のひとりは、賛成である。これからは話せる英語を身につけるのが必須である。小学校高学年で始めるのでは手遅れ、三年から始めるのは英断だ、とその人は考える。彼は社内の公用語を英語にした企業はほめたたえた。

われわれ常識的な人間からすれば、五、六年からの英語授業でも疑問であるのに、三年から始めたらとんでもないことになると心配する。英語でないとカネを稼ぐことのできない会社が、日本語を廃して、英語だけを使うのは企業の自由で、それで社員がおかしくなっても、天下国家にはさしたるさしさわりにはならない。

しかし、すべての小学生に三年から英語を教えるのは、日本人の知性にかかわる大きな問題である。文化的植民地になることをあこがれるのでなければ、笑っていられることではない。

小学三年といえば、こどもの知的発達において大きな節目である。ここで上向きになったこどもは、さきざき、しっかりした学力を身につけられる。他方、ここでつまずけば、知的能力に劣る成長をすることになる。そういうかんじんなときである。はっきりした目的をもって、しっかりした学力と指導力をそなえた教師に教えてもらいたい大切な時期である。

小学校の現状は、小学三、四年を軽視している。ベテラン教師は五、六年担任、ついで力のある教師が新入生を担任する。手のかからない三、四年生は、新人、経験の浅い先生が担任になることがすくなくない。それで、こどもの能力がどれだけそこなわれているかしれない。

そういう小学三年である。先生もないのに英語教育を始めるのは、まったく理解に苦しむところである。

力のないわれわれ一般の人間、するすべもなく、愚挙が実施されるのを傍観しなくてはならないのであろうか。

いつのまに、日本人は、そんな変なことを考えるようになったのか。どうやら、戦後七十年の日本人の生き方のせいであるとしか思われない。

外国の真似をして、カネを稼ぐことを最大の目標にするというのは国として恥ずかしいことである。自力で、他国にない新しい文明、文化を創り出すのでなければ、先進国とは言われないだろう。

本当によく発達した進んだ国なら、小学校三年から外国語を詰め込もうなどという酔狂なことは考えまい。

＊

そんなことをひとりで考えて、いらいらしていたところ、ある日、新聞の小さなカコミ記事が目に入った。

中国では、中学で教えている英語をへらすことを検討している、というのである。中学というところを見ると、小学校では英語は教えていないのだろう。教えているなら、まず、それをやめるのが筋である。

中学の英語の時間をへらすのは、このごろ英語に気をとられて、漢字能力が落ちてきた。それに対処するには、まず、英語の時間をへらす、というのであるらしい。

日本で小学三年から英語教育を始めようとしている話を知ってまもなくのことであっただけにつよい印象を受けた。日中、まさに正反対のことをしようとしているのである。

われわれ日本人からしても、中国の方が進んでいるように思われる。自国のことばを大切にするのは正道である。いくら必要、重要な外国語であっても、そのために自国語がおろそかになってはいけない。それはその通りだが、現に、日本は逆のことをしようとしている。はっきりした信念があるわけではない。なんとなく知っていた方が便利である、といった理由で、国語教育をいい加減にしておいて英語にとびつくのはおくれた意識である。これだけ教育が普及し、同世代人口の半数以上が高等教育を受けるいまの日本で、国語の大切さがわからない、とすれば、教育全体が誤った方向に向かっているとしか考えようがない。

正直に言って、われわれは中国は日本よりもおくれた国であるように感じている。中国はこのごろ世界第二の経済大国になろうとしているといわれるが、それは経済のこと。国としての成熟度はわが方に分があるように思っているが、あるいは、そうでないかもしれない。

自国語を大切にするのは高い文化である。文化の中核は、そのことばである。母国語を粗末にするのは、未熟な文化で、日本はそのカテゴリーの中に入る。すくなくとも中国より劣っていることを認めなくてはならない。

現代において、世界語といってもよい英語を駆使する能力をもつことの意義は小さくない。その習得のために時間と労力を費やすのは有意義である。それは、はっきりしているが、外国語を学ぶには、国語、母国語が好きでないと困る。自分の国のことばを放り出して、よその国のことばをかじるのは、人間として、疑問である。

まず、しっかり国語の力をつける。そして外国語を学ぶ。それが順序である。

私個人のことを引き合いに出すのはみっともない話だが、私はこどものとき国語尊重という点で大きな誤りをおかしたことを認める。

戦争直前に、もの好きにも、英語を専攻しようと考えた。中学生の五年間、外国語、英語に向けた勉強は国語の勉強にあてた時間の何倍にもなっていた。英語はほかのものよりよく読めるようにはなったが、日本語のことは半ば忘れていた。

これではいけないということに気付いたのは、英語の教師をして十年以上たってからである。国語を愛する心のない人間が、いくら外国語を勉強しても人間的成長はない。国語についての力のない外国語の力は考えられない、そういうことを発見した。私は国語回帰によって細々ながら個性を獲得したように思う。

『日本語の論理』という本を出して、日本語にも論理がある。ただヨーロッパ語とは論理の形が違う。そういう日本語アポロギアを発表した。同業の英文学をやっている連中から、「英語の論理の書けない人間が、畑ちがいの日本語を論ずるとはなにごとか」という非難を受けた。そういう連中は、英語を愛するあまり日本語を愛するのを大事にすることを忘れたのであろう。

国語、国文学を学び、国語を教える人たちはまず、国語を愛さなくてはならない。それには多少の外国語の勉強が必要である。

小学三年から英語教育を始めるという話が伝わったら、国語の先生は、立ち上がって、日本語は大丈夫か、と声を大にすべきだと思う。英語が下手でも人間として恥じることはないが、国語がわからず、外国語かぶれになったら、人間として恥ずかしい。そういう考えを多くの人がいだくようになってはじめて、日本は文化的に独立国家でありうるであろう。

英語ができるのは大いに結構だが、国語を大切にする心を失っては、何にもならない。そう考えるのが美しきナショナリズムである。

国語愛・文化的ナショナリズム

戦争にまけて、おかしくなったのであろうか。小説の神様と言われた大作家が、日本語をフランス語にしておけば、戦争しなくてすんだのに…といったことを口走った。同じように、ものがわからなくなっていた一般はそんなことを言われても、大しておどろきもしなかった。

知識人も、日本語をきらったのは変わりはないが、外国の思想、文化にのめり込むことで、それをあらわした。どこがいいのか、普通の人間にはわからないが、リーダーと目される人が、ソ連は天国のようなことを言いふらし、もののわからない若い人を動かした。

この間まで戦争していた中国を賛美して、友好を合いことばにする向きもあった。知人にすぐれた教育哲学者がいた。人間的にはたいへんよい人だったが、どうしたことか、中国礼賛病にかかって、人生を貧しくした。

それほど考えない知的エリートは、アメリカのデモクラシーに心酔して、アイデンティティを失った。日本語で書いたものは相手にしないで英語の本ばかり読み、アメリカに心酔して得意になった。

こういう外国かぶれ、外国かぶれモドキが進歩派として大言壮語した。ノンポリとバカにされた一般は声もなくそれを見守るしかなかった。年端のいかない若ものは、声の大きい方に正義があるように思って、外国かぶれの旗のもとに集まって、騒ぎをおこして天下をとったように思い上がった。

この間ずっと、国語は声もなく泣いていた。漢字が多すぎる。制限して当用漢字をこしらえた。すこし、少なすぎた、というので、ちょっぴりふやして、常用漢字にした。漢字は書くのが面倒だからというので、勝手に略字をこしらえた。歴史的仮名遣いはむずかしい、というので現代仮名遣いを制定、はては、国語もロクにできない小学生に英語を教えるということを平気できめ、先生もないのに英語の授業をはじめた。

国語を粗末に扱ったのは、戦後の日本にナショナリズムがなかったからである。ないわけではなく、声を立てなかったのである。国を愛するのは母国語を愛することである。そういう思想は、本当のナショナリズムの歴史のない日本には育ちにくいのだろう。

外国語をわけもなくありがたがるのは文化的後進性であることに思い至らないのは、古いナショナリズム、戦争ナショナリズム、古い思想である。

十八世紀から帝国主義的ナショナリズムがはびこる。戦争して、外国を侵し、植民地にする。植民地には宗主国のことばを強制する。スペイン領植民地はスペイン語、ポルトガルの植民地はポルトガル語を押しつけた。

それにもっとも成功したのはイギリスであった。七つの海に日の没することのない大帝国を築いた。それらの国や地域は当然のように英語を公用語とした。被征服国にはナショナリズムがなくなった。国語の喪失はそれを端的に示すものである。

日本もその真似をして、台湾、朝鮮に日本語を強制した。それを別に悪いことだという自覚がなかったのは、外国、先進国の真似をすればいいという遅れた思想で目がくらんでいたからである。戦争中、日本軍は、占領地で日本語教育を行なったのは、今にして思えば、愚かなことであるが、当時は、正義であったのである。

戦争に負けた国である日本に侵略的ナショナリズムの余地はないから、その鉾先を自国語に向けた。日本語をいじめた。

外国語と違うところは、みな日本語の欠点であるように錯覚し、むずかしい敬語がまず槍玉にあがる。さすがになくしてしまうことはできないから、削りおとしをした。言語学者なども得意になって敬語軽減論をかざして、日本語を貧しくするために活躍した。国語の先生には、賛成でない人もすくなくなかったと思われるが、なぜか、声をあげなかった。

戦争に破れた日本に、戦争的ナショナリズム、侵略的ナショナリズムが許されないのは当然のことである。だからといって自分の国を愛する愛国心もナショナリズムだとして目の仇にするのは、古い思想にとらわれているからである。

戦争ナショナリズムは人類の敵であるからといって、文化的ナショナリズムを同じように罪悪視するのは誤りである。堅実な生活と思想をもつ国民は、文化的ナショナリズムをもつのが当然である。文化的ナショナリズムは、自らを大切にして豊かにするが、決して他国や他民族を侵したりしない。そういう文化的ナショナリズムがもっとも高まったのは、江戸時代であったかもしれない。

文化的ナショナリズムは国語を大切にする。外国語よりも母国語を尊重する。この点で、世界でもっとも進んでいるのはフランスであろう。英語を知っていても、「パーレブ・フランセ」（フランス語話しますか）ときく。知っていても英語は使わない。近年、ビジネスで英語が多用されるのに業を煮やしてか、商品名に英語を用いるのを禁じる法律をつくろうとしてトラブルをおこした。英語名の物品には、かならず、フランス語の言いかえを添えることを要求して、やはり、多少の問題をおこした。しかし、フランス人のフランス語に対するプライドと愛着は、文化的ナショナリズムの花であるとしてよい。日本も、外国のまねをするのなら、フランスに見倣うべきではないか。

日本人は国語に誇りをもっていない。つまらぬ言語と勝手に恐縮している。そして外国語をやみくもにありがたがる。健康なナショナリズムに欠けているのである。

戦後俳句に興味をもつ外国人があらわれてきて、日本人はむしろおどろいた。日本人が、〝第二芸術〟だと悪く言った俳句を、頼みもしないのに、知りたい、作りたいという外国人は日本人を勇気づけてくれたのに、大部分の日本人は、なんとも感じなかった。見れば、日本人にも難しい俳句を外国人がおもしろいと思ってくれるのは、日本人の文化的ナショナリズムをよく刺戟するはずであった。それをそう思わなかったのは自国の文明、ことばに誇りと愛情をもっていないからである。しかるべき人が、すこし努力すれば、俳句は世界的文芸詩となる可能性は現在もなお失っていない。日本にはその気がないらしい。

日本語を学ぼうという人がふえたのも、戦後の日本のことである。かつて日本は外国人が日本語を学んでくれるというようなことを考えたこともなかった。ところが、勉強したい人が多数あらわれたのである。日本人はふるい立ってもよかったのに、むしろ冷静であった。教えたくても適当な先生がない。国語の教師が、外国人に、国語を教えられないことが多いのは、なぜか、考える人はすくない。せっかく関心をもつ外国人が多くいるのに、うまく教えられないのは残念である。そう考えるのが、ナショナリズムである。なんとなく自信のない日本人はアイデンティティがないのである。根なし草のような人間には国語を大切にする心が生まれにくいのであろう。

三上章という人は高校の数学の先生であったそうであるが、国語が好きだった。日本国に興味をもって研究をすすめた。長い間、国語学者を悩ませていた二重主語の問題に新しい考えを加えて、『象ハ鼻ガ長イ』という本にした。日本語文法家は知らん顔をしていたのに、ソ連の日本語家研究者たちが注目、この本を注文してきた。日本では表題からして、こども向きの童謡と勘違いして、まごついた、というエピソードがある。日本人として恥ずかしい話である。

アメリカの俳句愛好者たちから、英語俳句の歳時記をつくってほしいと言われたことがある。指導のためにアメリカへ渡った俳人がいたらしいが、歳時記というものの性格、本質をよく知らなかった。アメリカのように大きな国では歳時記をつくるのは不可能であることを知る俳人はなかったのである。そのこと自体、たいした意味はないが、季語というものをよくも考えないで俳句をつくっていることへの反省がないのははなはだおもしろくない。アメリカまで行かなくても、そんなことはわからぬといけないのである。

前章にも書いたが、小学生に英語を教えようというのも、それ自体は、どうでもいいことだが、国語より外国語をありがたがる非愛国的思考が問題である。何かと文句をつけることの多い思想家、評論家、はてはマスコミなども、これについて批判的なことは一切言わない。それで調子に乗ったのか、いまは五、六年からとしているのを、低学年から始めることを文部科学省で検討していると伝えられる。教える教員の養成をしないで、そんなことをするのが、いかに非教育的であるか。自覚しないのは、無国籍人間ではないか。文化的ナショナリズムはそう考える。

国語は好きですか。

もっと日本語も
——あとがきにかえて——

ある大学で外国人学生に日本語を教えていた知り合いが、この春、退職した。定年だというから、退職金をもらっただろう、ときくと、非常勤だったから何ももらっていない、という。

三十二年だか勤めたが、ずっと非常勤講師で、ボーナスをもらったこともない。定年だけは専任と同じように適用されるが、退職金はおろか、記念品ももらわなかった。くれる大学もあるようだが、この人の大学はなにもしなかった。すこし淋しそうだった。

名のある私立大学で、海外からの留学生も七百名ちかくいる。年々ふえているそうだ。

その日本語教育を担当するのは、専任教授一名。あと十数名は非常勤だという。専任はアラビア語の専門だそうだが非常勤教員の学識ははっきりしない。

話をきいていて義憤のようなものを感じた。留学生がかわいそうだし、日本語もかわいそうだ。日本のためにもならない。ほっておけないような気がする。大学は何を考えているのだろうか、国としても、恥ずかしくはないのか。

一般の人間は、日本語を勉強している外国人がたくさんいるということを知らない。不充分な教育が行なわれているらしい、などということは、もちろん知るべくもない。それで日本のイメージは悪くなっていく。

介護の仕事につこうと海外、東南アジアから日本へ来る人たちもすくなくない。仕事をする資格を得るためには国家試験に合格しなくてはならない。働きながらその試験のための勉強している人もすくなくない。いちばんの壁はやはり日本語で、その学力が足りなくて試験に落ちた人が多い。何度も失敗して絶望、帰国する人があとを絶たないという。

失意の帰国をした人たちが日本によい感情をもたなくてもしかたがない。うらみに思う人もあるだろう。そういうことを想像することが、島国の日本では、できにくいが、どれだけ国益をそこなっているか知れない。

日本はもっとそういう外国人のことを考えなくてはいけない。とりわけ、日本語をしっかり学んでもらえるような体制が必要である。

間に合わせの日本語教育では、留学生などが迷惑するだけでなく、日本としても大きな損失をうけるのである。

日本の国語教育は日本のこども、若ものに国語を教えるのに多忙で、外国人のことなどかまっていられない。それどころか、日本語を学ぼうとする外国人にむしろ冷たいところがある。

かつて、国語ナショナリズムともいうべきものがあって、英語教育を目のかたきにし、外国人の日本研究を不当に無視した。戦後、そういうナショナリズムは消えたが、外国のもの、外国文化、外国人の活動に対して不親和の態度をとるところは、形を変えてこのごろ姿をあらわしている。

一部で、排外とも思われる動きさえ見られる。わけもなく、外国人を排除しようとする若ものがあらわれて問題になったりしているが、幼稚で未熟なナショナリズムである。

〝ジャパン、オンリー〟として外国人をしめ出す店がある。批判をうけると〝ジャパニーズ・オンリー〟と看板を書きかえる店が方々にあるという。〝ジャパニーズ・オンリー〟というのは母国を愛しているのではなく、外国人を嫌っているので、危ないナショナリズムというべきである。まともなナショナリズムを教えるものもなかった戦後に育った世代が、見当違いなことをしても、たしなめることのできる人はすくない。

日本語を学びたいという外国人がこれほど多くいるというのは有史以来のことである。日本の友人になってくれる外国人に対して、日本人はいかにも冷淡である。国語の教師も畑ちがいだとソッポを向いているのはおかしいのではないかという反省くらいあってもよいように思われる。外国人に日本語をうまく教えられないのは、国語教師に、はなしことばの知識と教養が不足しているためである。それが国語教育そのものを弱いものにしているかもしれない。

言文別途の日本語である。しっかりした教育をするには、文語文法のほかに口語文法がしっかり整備される必要がある。その口語文法は簡潔で基底をおさえた学校文法として有効にはたらくことが期待される。(われわれ戦中派は、英文法に教えられたところがすこ

ぶる大きい。思考の核をなしていると言ってもよい）

日本語について、同じようなすぐれた学校文法ができれば、日本人の知性を向上させることができる。日本語を学ぶ外国人が得るところはさらに大きいであろう。

日本のことばが、国語と日本語に分かれているのは、多様性ということからすればよいことかもしれないが、ことばの文化、言葉の活動を考えると、二元的では、個性があいまいになるおそれがある。

それをおかしいとも思わないのは、無関心なためである。

もっと国語が好きであってよいのである。

それとともに、もっと日本語も大切にしなくてはならない。

世界に認められる文化的ナショナリズムは、そこから生まれる。

[著者紹介]

外山滋比古（とやま　しげひこ）

1923年愛知県に生まれる。東京文理科大学英文科卒業。雑誌『英語青年』編集、東京教育大学助教授、お茶の水女子大学教授を経て、同大学名誉教授。
著書に、『修辞的残像』、『近代読者論』、『日本語の論理』、『異本論』、『古典論』、『思考の整理学』、『俳句的』、『ことば点描』など。

国語《こくご》は好《す》きですか

NDC810/192p/19cm

初版第１刷――2014年６月20日
第４刷――2023年７月10日

著者――――外山滋比古《とやましげひこ》
発行者――――鈴木一行
発行所――――株式会社 大修館書店
〒113-8541　東京都文京区湯島2-1-1
電話03-3868-2651（販売部）03-3868-2291（編集部）
振替00190-7-40504
［出版情報］http://www.taishukan.co.jp

装幀――――唐仁原教久
デザイン――――白村玲子（HB スタジオ）
印刷所――――広研印刷
製本所――――難波製本

ISBN978-4-469-22238-8　Printed in Japan